中华经典研究 第二辑

四川大学中华文化研究院 主办

项楚 舒大刚 主编

商务印书馆
The Commercial Press

图书在版编目 (CIP) 数据

中华经典研究. 第 2 辑 / 项楚, 舒大刚主编. —北京: 商务印书馆, 2022
ISBN 978-7-100-21599-2

Ⅰ.①中… Ⅱ.①项…②舒… Ⅲ.①中华文化—文集 Ⅳ.① K203-53

中国版本图书馆 CIP 数据核字（2022）第 155234 号

权利保留，侵权必究。

中华经典研究
第二辑
项 楚 舒大刚 主编

商 务 印 书 馆 出 版
（北京王府井大街36号 邮政编码100710）
商 务 印 书 馆 发 行
江苏凤凰数码印务有限公司印刷
ISBN 978-7-100-21599-2

| 2022年12月第1版 | 开本 700×1000 1/16 |
| 2022年12月第1次印刷 | 印张 11 |

定价：68.00 元

编委会

主　　编：项　楚（四川大学）　　舒大刚（四川大学）
副 主 编：傅其林（四川大学）　　张　弘（四川大学）
　　　　　盖建民（四川大学）　　刘亚丁（四川大学）
主　　任：曹顺庆（四川大学）　　詹石窗（四川大学）
　　　　　段玉明（四川大学）
成　　员：姜广辉（湖南大学）　　郑万耕（北京师范大学）
　　　　　廖名春（清华大学）　　李景林（北京师范大学）
　　　　　蔡方鹿（四川师范大学）黄开国（四川师范大学）
　　　　　郭　齐（四川大学）　　林忠军（山东大学）
　　　　　黄海德（华侨大学）　　程奇立（山东师范大学）

编辑部

主　　任：陈长文
副 主 任：朱展炎　吴　华
编　　辑：王小红　张尚英　李冬梅　杜春雷　霞绍晖
办 公 室：邱雪来

目 录

专题研究

3　试论《周易》的基本精神　/郑万耕

24　论李鼎祚的易象观　/林忠军

44　王阳明《论语》诠释的"浙学"特色　/唐明贵

60　《永乐大典》存卷引"朱子语续录"考论　/刘　尚

78　《永乐北藏》下赐浙江寺院研究　/龙达瑞

99　杜光庭《道德真经广圣义》评述　/李远国　张作舟

121　《肇论》海外译本刍议——兼与徐梵澄译本比较

/杨本华

学术综述

139　近十年《尚书》研究综述　/程兴丽

157　Contents & Abstracts

165　约稿函

专题研究

试论《周易》的基本精神

郑万耕[*]

摘要:《周易》作为"群经之首""大道之源",其思想之精湛,影响之深远,是其他任何一部典籍皆无法比拟的。其基本精神主要包括如下几个方面:高扬自强不息、厚德载物的民族精神,积极倡导忧患意识,极为推崇"时中"观念,奠基阴阳学说。这些基本精神,深刻体现了中国文化发生、成长、定型的整个历史进程,早已成为中华民族思维和行为的准则,时至今日依然如此。

关键词:《周易》 基本精神

《周易》是中国文化的源头活水,历来有"群经之首""大道之源"的说法。这已成为学人的共识。其思想之精湛,影响之深远,是其他任何一部典籍皆无法比拟的。那么,《周易》的基本精神如何加以概括,确是一个值得认真思考、深入挖掘的重要学术问题。我曾经写过几篇文章,从宏观的角度论述《周易》为中华文化的思想体系搭建了一个基本框架,评述《周易》文化对中国哲学的贡献,阐发《易传》的价值理念和最高价值

---

[*] 郑万耕,北京师范大学哲学学院教授、博士生导师,兼《中国哲学史》副主编、国际儒学联合会顾问。主要从事中国哲学史、易学史研究。

理想。本文试图从更具体的层面——人类生活、社会治理的角度,粗略地谈谈对《周易》基本精神的一孔之见,以与各位同仁共同探讨。

一、 高扬民族精神

何谓民族精神?现代中国哲学大师张岱年先生曾经指出:"在一个民族的精神发展中,总有一些思想观念,受到人们的尊崇,成为生活行动的最高指导原则。这种最高指导原则是多数人民所信奉的,能够激励人心,在民族的精神发展中起着主导的作用。这可以称为民族文化的主导思想,亦可简称为民族精神。"①

民族精神必须具备两个条件:一是有比较广泛的影响,二是能激励人们前进,有促进社会发展的作用。一个民族应该对自己的民族精神有比较明确的自我认识。一个延续了五千年的民族,必定有一个在历史上起主导作用的基本精神。这个基本精神就是这个民族延续发展的思想基础和内在动力。中华民族精神文明的基本主导思想可以称为"中华精神",或者称为"中华民族精神",此种精神即是指导中华民族延续发展、不断前进的精粹思想。

那么,究竟有哪些思想可以称为"中华民族精神"呢?许多学者认为,中华民族精神集中表现为《易传》中的两个命题,这就是:"天行健,君子以自强不息"②,"地势坤,君子以厚德载物"③。汉代以来的两千多年,《易传》具有极高的权威,其中的名言也影响广远。广大的劳动人民具有发愤图强的传统,与《易传》的名言不无关系。

所谓"自强不息",就是永远努力向上,绝不停止。这句话凸显了中

---

① 张岱年:《文化传统与民族精神》,《学术月刊》1986年第12期。
② [魏]王弼、[晋]韩康伯注,[唐]孔颖达疏:《周易正义》,李学勤主编《十三经注疏》本,北京大学出版社2000年版,第10页。
③ [魏]王弼、[晋]韩康伯注,[唐]孔颖达疏:《周易正义》,李学勤主编《十三经注疏》本,北京大学出版社2000年版,第27页。

华民族奋斗拼搏的精神,表现出一种不向恶劣环境屈服的生命力。这里有两方面的意思:在政治生活方面,对外来侵略绝不屈服,对恶势力绝不妥协,坚持抗争直至胜利;在个人生活方面,强调人格独立。孔子说:"三军可夺帅也,匹夫不可夺志也。"①孟子又提出"天爵""良贵"之说,认为人都有自己的内在价值。此价值即道德自觉性。孟子更宣扬"富贵不能淫,贫贱不能移,威武不能屈"②的大丈夫精神。古代儒家强调培养这种伟大人格,这为广大人民,特别是为知识分子,树立了激励人心的榜样。

"厚德载物"即以宽厚之德包容万物,这与"和同之辨"有一定联系。西周末年的史伯区分了"和"与"同",他说:"夫和实生物,同则不继。以他平他谓之和,故能丰长而物归之。若以同裨同,尽乃弃矣。"③所谓"和",即包容不同事物而保持一定的平衡。孔子也说"君子和而不同"。厚德载物有兼容并包之义,兼容并包是中华民族的精神之一。西方有宗教战争,不同的宗教绝不相容。佛教产生于印度,但也不为婆罗门教所容,最终佛教在印度被消灭了。而在中国,儒学、佛教、道教彼此是可以相容的,这种现象只有中国才有。这对于推动文化发展非常必要。

"自强不息"与"厚德载物",一个是奋斗精神,一个是兼容精神。用现在的话来说,也可以称为艰苦卓绝、改革创新精神与海纳百川、开放协和精神。"自强不息""厚德载物"这两点可以看作中华民族精神的主要表现。这两个方面,自强不息是自立之道,厚德载物是立人之道,自立是立人的前提,立人是自立的引申,两者相结合,构成了中华民族人生理想的总原则。

《易传》中的这两句名言,在中华文化史上发生了很大的积极影响。在中华民族悠久的文明史上,无时无处不彰显着这种精神。大禹治水,每日孳孳,三过家门而不入。愚公移山,日夜不休,子子孙孙无穷匮。孔

---

① [宋]朱熹:《四书章句集注》,中华书局2012年版,第115页。
② [宋]朱熹:《四书章句集注》,中华书局2012年版,第270页。
③ 《国语集解》卷一六,徐元诰集解,王树民、沈长云点校,中华书局2002年版,第470页。

子及其门徒发愤忘食,乐以忘忧,不知老之将至。墨家学派尚力非命,死不旋踵,莫不以自苦为极。秦皇汉武统一天下于前,唐宗宋祖开创盛世于后。王夫之强调"君子积刚以固其德,而不懈于动"①,以"珍生""务义""相天""造命"为自强之道的基本精神。颜习斋主张"善于习动""振起精神"②,以"见之事""征诸物""践形而尽性"③为其核心观念。近代以来,林则徐、魏源、严复、康有为、谭嗣同、孙中山等智士仁人,不屈不挠,前赴后继,寻找救国救民的道路,发出了"自强雪耻""自强保种""奋发图强""振兴中华""突驾英美"的吼声。所有这些,都闪烁着刚健有为、自强不息精神的熠熠光辉。而历代思想家所提倡和政治家所实行的"仁民爱物""协和万邦""兼容并包""遐迩一体""顺俗施化""古为今用""洋为中用"等原则,以及佛教文化与西方文化的中国化现象,则是"厚德载物"思想的具体表现。

二、倡导忧患意识

《周易》之前,《诗经》与《尚书》中就有"战战兢兢,如临深渊,如履薄冰"(《诗经·小雅·小旻》)、"居安思危"(《左传·襄公十一年》引《书》)的说法。然而,并未提出系统的范畴、命题,更没有升华为哲学思维,形成理论形态。明确地将"忧患"提升为范畴,自觉地倡导"忧患意识",并建立起较为系统的理论形态,这一任务是由战国时期的《易传》完成的。

春秋战国时期,诸侯兼并,战乱频仍,社会动荡,礼坏乐崩。这种情况极大地刺激着人们的神经。《易传》的作者们,对《易经》以来的"忧患意识"又做了较为系统的阐发,初步形成了一个理论体系。

---

① [明]王夫之:《周易内传》卷三上,《船山全书》第1册,岳麓书社1988年版,第296页。
② [清]颜元:《言行录》卷上,《颜元集》下册,中华书局1987年版,第635页。
③ [清]颜元:《习斋记余》卷一《未坠集序》,《颜元集》下册,中华书局1987年版,第398页。

首先,《易传》通过对《易经》的解释,肯定《周易》为解除忧患的典籍。《系辞传》说:"《易》之兴也,其于中古乎?作《易》者,其有忧患乎?"①孔颖达《周易正义》曰:"此之所论,谓《周易》也。'作《易》者其有忧患乎'者,若无忧患,何思何虑,不须营作。今既作《易》,故知有忧患也。身既患忧,须垂法以示于后,以防忧患之事,故系之以文辞,明其失得与吉凶也。"②这是说,《周易》是为了防止和解除忧患而创作的。《系辞传》又说:"《易》之为书也不可远,为道也屡迁,变动不居,周流六虚,上下无常,刚柔相易,不可为典要。唯变所适。其出入以度,外内使知惧,又明于忧患与故。无有师保,如临父母。"③意思是说,《周易》是讲变化的,六爻的变易,没有固定的常规。爻象出入于内卦与外卦,以此度量卦的吉凶,从而使人有所戒惧,又明白忧患与事故,正确处理生活中的疑难问题,如同父母亲临一样,告诫自己,时刻保持警惕。又阐述《易》之道说:"《易》之兴也,其当殷之末世、周之盛德邪?当文王与纣之事邪?是故其辞危。危者使平,易者使倾。其道甚大,百物不废。惧以终始,其要无咎。此之谓易之道也。"④此是说,《周易》大概兴起于殷周之际,当时周文王受到殷纣王的迫害,所以卦爻辞多自危,使人不忘忧危之事。如果其辞平易,人们就会抱有侥幸心理,其结果为失去警惕,反而招来倾覆之祸。"惧以终始",是说警惕于事之终始,如此,便可以不犯错误。这就是《周易》的根本道理。据此,《易传》也不断提醒人们,要时刻保持戒惧之心,防患于未然。此即《象传》所说:"洊雷,震。君子以恐惧修省。"⑤

---

① [魏]王弼、[晋]韩康伯注,[唐]孔颖达疏:《周易正义》,李学勤主编《十三经注疏》本,北京大学出版社2000年版,第312页。
② [魏]王弼、[晋]韩康伯注,[唐]孔颖达疏:《周易正义》,李学勤主编《十三经注疏》本,北京大学出版社2000年版,第313页。
③ [魏]王弼、[晋]韩康伯注,[唐]孔颖达疏:《周易正义》,李学勤主编《十三经注疏》本,北京大学出版社2000年版,第315页。
④ [魏]王弼、[晋]韩康伯注,[唐]孔颖达疏:《周易正义》,李学勤主编《十三经注疏》本,北京大学出版社2000年版,第319页。
⑤ [魏]王弼、[晋]韩康伯注,[唐]孔颖达疏:《周易正义》,李学勤主编《十三经注疏》本,北京大学出版社2000年版,第210页。

"水在火上,既济。君子以思患而豫防之。"①经过《易传》的阐发,此种"忧患意识"成了中华民族的精神之一。

其次,提出"忧患意识"当以修德为本。《系辞传》说:"作《易》者,其有忧患乎？是故履,德之基也。谦,德之柄也。复,德之本也。恒,德之固也。损,德之修也。益,德之裕也。困,德之辨也。井,德之地也。巽,德之制也。"②《正义》曰:"以为忧患,行德为本也。六十四卦悉为修德防患之事,但于此九卦,最是修德之甚,故特举以言焉,以防忧患之事。"③这是说,处于忧患之时,重要的是以修德行德为本,以之作为防止和解除忧患的依据。《周易》六十四卦皆为修德防患之事,但此九卦更具提高人的道德境界的意义。《易传》之中,对此九卦的意义,先后讲了三次,被称为"三陈九德"。意思是说,当人处于逆境、困境或衰世之时,这九卦所包含的道德价值,可以作为化凶为吉、排忧解难的手段。其《象传》解释说:"地中有山,谦。君子以裒多益寡,称物平施。"④"雷风,恒。君子以立不易方。"⑤"山下有泽,损。君子以惩忿窒欲。"⑥"风雷,益。君子以见善则迁,有过则改。"⑦"泽无水,困。君子以致命遂志。"⑧这都是从道德修养的角度,要人们于忧患之中不断提高道德境界,谦卑自牧,改过迁善,保

---

① [魏]王弼、[晋]韩康伯注,[唐]孔颖达疏:《周易正义》,李学勤主编《十三经注疏》本,北京大学出版社2000年版,第250页。
② [魏]王弼、[晋]韩康伯注,[唐]孔颖达疏:《周易正义》,李学勤主编《十三经注疏》本,北京大学出版社2000年版,第312—313页。
③ [魏]王弼、[晋]韩康伯注,[唐]孔颖达疏:《周易正义》,李学勤主编《十三经注疏》本,北京大学出版社2000年版,第313页。
④ [魏]王弼、[晋]韩康伯注,[唐]孔颖达疏:《周易正义》,李学勤主编《十三经注疏》本,北京大学出版社2000年版,第81页。
⑤ [魏]王弼、[晋]韩康伯注,[唐]孔颖达疏:《周易正义》,李学勤主编《十三经注疏》本,北京大学出版社2000年版,第144页。
⑥ [魏]王弼、[晋]韩康伯注,[唐]孔颖达疏:《周易正义》,李学勤主编《十三经注疏》本,北京大学出版社2000年版,第173页。
⑦ [魏]王弼、[晋]韩康伯注,[唐]孔颖达疏:《周易正义》,李学勤主编《十三经注疏》本,北京大学出版社2000年版,第177页。
⑧ [魏]王弼、[晋]韩康伯注,[唐]孔颖达疏:《周易正义》,李学勤主编《十三经注疏》本,北京大学出版社2000年版,第195页。

持自己的独立人格,坚守自己的崇高理想。所以,《系辞传》又评述《周易》的价值说:"是以明于天之道,而察于民之故,是兴神物以前民用。圣人以此齐戒,以神明其德夫。"①神物,指用来预测吉凶的蓍草。齐同斋,洗心曰斋,防患曰戒。是说,《周易》的价值就在于能够明了天道的变化,考察百姓的事情,以蓍草神物推断未来,作为民用的先导。圣人以《周易》修养身心,警戒未来的事变,为百姓解除忧患,从而提高自己的道德境界,此即"圣人以此齐戒,以神明其德夫"。

再次,依据忧患意识,《易传》提出了"安而不忘危"的治国原则。《系辞传》解释否卦九五爻辞说:"危者,安其位者也。亡者,保其存者也。乱者,有其治者也。是故君子安而不忘危,存而不忘亡,治而不忘乱,是以身安而国家可保也。《易》曰:'其亡其亡,系于苞桑。'"②这是说,安于其位,则招来倾危;保持现状,则招来灭亡;自恃其国家已经得到治理,结果却招来祸乱。因此,要"安而不忘危,存而不忘亡,治而不忘乱",这才是身安、家齐、国治的有力保证。也就是说,治乱、兴亡处于不断转化的过程,要居安思危,随时保持警觉,以防止走向反面。

居安思危,防止走向反面,就要善于变革,不断有所创新。《系辞传》说:"通其变,使民不倦。"③《彖传》说:"革而当,其悔乃亡。"④变革适当,就可以避免悔恨,进入一新的发展时期。变,即改变现状,包含有革旧创新之义,如《系辞传》所说:"日新之谓盛德。生生之谓易。"⑤生即创造,生生即不断有所创造。每天都在更新是天地最大的德行,生而又生,不

---

① [魏]王弼、[晋]韩康伯注,[唐]孔颖达疏:《周易正义》,李学勤主编《十三经注疏》本,北京大学出版社2000年版,第288页。
② [魏]王弼、[晋]韩康伯注,[唐]孔颖达疏:《周易正义》,李学勤主编《十三经注疏》本,北京大学出版社2000年版,第307页。
③ [魏]王弼、[晋]韩康伯注,[唐]孔颖达疏:《周易正义》,李学勤主编《十三经注疏》本,北京大学出版社2000年版,第299页。
④ [魏]王弼、[晋]韩康伯注,[唐]孔颖达疏:《周易正义》,李学勤主编《十三经注疏》本,北京大学出版社2000年版,第202页。
⑤ [魏]王弼、[晋]韩康伯注,[唐]孔颖达疏:《周易正义》,李学勤主编《十三经注疏》本,北京大学出版社2000年版,第271页。

断有所创造,才称得上变易。就政治生活说,所谓变,就是改变旧秩序,创立新制度,也即《杂卦传》所说:"革,去故也。鼎,取新也。"①据此,《象传》又推崇"变革"说:"天地革而四时成。汤武革命,顺乎天而应乎人,革之时大矣哉!"②以为变革是天地以及人世间一切事物的根本规律,只有经过变革,事物方有其生命活力,而因循守旧,只能走向衰亡。也即《系辞传》所谓:"易穷则变,变则通,通则久。"③

《易传》的"忧患意识"还要求人们谨言慎行,以俭德行事。《系辞传》解释中孚卦九二爻辞说:"君子居其室,出其言善,则千里之外应之,况其迩者乎;居其室,出其言不善,则千里之外违之,况其迩者乎。言出乎身,加乎民;行发乎迩,见乎远。言行,君子之枢机。枢机之发,荣辱之主也。言行,君子之所以动天地也,可不慎乎?"④这是说,言论与行动是君子指挥万民、操纵天下的枢纽,枢纽一旦发动,或得或失,荣辱即至,必须慎之又慎。其颐卦《象传》也要求人们"慎言语,节饮食"⑤。处于困难重重、事业未济之时,则要谨慎辨别事物的品性与形势,审处其方位,以求行事有成。此即《象传》所说:"火在水上,未济。君子以慎辨物居方。"⑥否卦《象传》则提出"以俭德辟难"的观念:"天地不交,否。君子以俭德辟难,不可荣以禄。"⑦是说,当天地不交,万物阻塞,天下否闭之时,君子当崇尚俭德,安贫乐道,以此避免祸难,不可为利禄所诱惑。

---

① [魏]王弼、[晋]韩康伯注,[唐]孔颖达疏:《周易正义》,李学勤主编《十三经注疏》本,北京大学出版社2000年版,第340页。
② [魏]王弼、[晋]韩康伯注,[唐]孔颖达疏:《周易正义》,李学勤主编《十三经注疏》本,北京大学出版社2000年版,第202—203页。
③ [魏]王弼、[晋]韩康伯注,[唐]孔颖达疏:《周易正义》,李学勤主编《十三经注疏》本,北京大学出版社2000年版,第300页。
④ [魏]王弼、[晋]韩康伯注,[唐]孔颖达疏:《周易正义》,李学勤主编《十三经注疏》本,北京大学出版社2000年版,第276页。
⑤ [魏]王弼、[晋]韩康伯注,[唐]孔颖达疏:《周易正义》,李学勤主编《十三经注疏》本,北京大学出版社2000年版,第122页。
⑥ [魏]王弼、[晋]韩康伯注,[唐]孔颖达疏:《周易正义》,李学勤主编《十三经注疏》本,北京大学出版社2000年版,第253页。
⑦ [魏]王弼、[晋]韩康伯注,[唐]孔颖达疏:《周易正义》,李学勤主编《十三经注疏》本,北京大学出版社2000年版,第70页。

《文言传》对其倡导的"忧患意识"加以总结说:"九三曰'君子终日乾乾,夕惕若厉,无咎',何谓也?子曰:'君子进德修业。忠信所以进德也。修辞立其诚,所以居业也。知至至之,可与几也。知终终之,可与存义也。是故居上位而不骄,在下位而不忧。故乾乾因时而惕,虽危无咎矣。'"①及时增进道德,拓展功业,说实话,办实事,敢于坚持真理,诚恳对待他人,谨慎而准确地把握事物发展的微小苗头,控制其发展趋向,以至努力实现完满的结果,无论何时何地,还是兴旺发达,衰势逆境,均能做到"居上位而不骄,在下位而不忧",乾乾自强,因时而惕,即使遭遇危难,也可以化险为夷,避免灾患。这就是《易传》"忧患意识"对人们所提出的基本要求。

然而,要防范风险,攻坚克难,转危为机,成就大业,最关键的还是要"顺天应人",这是《易传》所提出的根本性指导原则。革卦《彖传》说:"天地革而四时成。汤武革命,顺乎天而应乎人。"②兑卦《彖传》也说:"兑,说也。刚中而柔外,说以利贞,是以顺乎天而应乎人。"③顺天应人,就是顺应自然法则,尊重自然规律,合乎社会潮流,符合民众之心。自然法则、社会潮流,顺之则昌,逆之则亡;民心不可违,得民心者得天下。人民,只有人民才是真正的铜墙铁壁,才是真正的动力之源。所以《系辞传》说:"祐者,助也。天之所助者,顺也;人之所助者,信也。履信思乎顺,又以尚贤也。是以自天祐之,吉无不利也。"④

《易传》所倡导的"忧患意识",对易学哲学乃至整个中国文化产生了深远影响。唐孔颖达《周易正义》注《系辞》文"惧以终始,其要无咎"说:"'惧以终始'者,言恒能忧惧于终始,能于始思终,于终思始也。'其要无

---

① [魏]王弼、[晋]韩康伯注,[唐]孔颖达疏:《周易正义》,李学勤主编《十三经注疏》本,北京大学出版社2000年版,第15—17页。
② [魏]王弼、[晋]韩康伯注,[唐]孔颖达疏:《周易正义》,李学勤主编《十三经注疏》本,北京大学出版社2000年版,第203页。
③ [魏]王弼、[晋]韩康伯注,[唐]孔颖达疏:《周易正义》,李学勤主编《十三经注疏》本,北京大学出版社2000年版,第234页。
④ [魏]王弼、[晋]韩康伯注,[唐]孔颖达疏:《周易正义》,李学勤主编《十三经注疏》本,北京大学出版社2000年版,第290页。

咎'者,若能始终皆惧,要会归于无咎也。'此之谓易之道'者,言易之为道,若能终始之惧,则无凶咎。此谓易之所用之道,其大体如此也。"①又注"明于忧患与故"说:"安而不忘危,存而不忘亡,终日乾乾,不可以息也。"②这都是依《易传》"三不忘"的观念对《系辞》文所作的解说,以为这便是《易》道之大体。这显然是对《易传》"忧患意识"的进一步阐发。

北宋时期,"庆历新政"的积极参与者李觏以为,圣人作《易》,只是出于对现实社会的忧患之心,易学的根本就在于救世济民。其于《易论第十三》说:"噫!作《易》者既有忧患矣!读《易》者其无忧患乎?苟安而不忘危,存而不忘亡,治而不忘乱,以忧患之心,思忧患之故,通其变,使民不倦,神而化之,使民宜之,则自天祐之,吉无不利矣。"③"以忧患之心,思忧患之故",是宋代学人的共同心态,如"庆历新政"的领袖人物范仲淹,就提出了"先天下之忧而忧,后天下之乐而乐"的著名论断。而改革派另一代表人物欧阳修,又进一步阐发为:"以天下之忧为己忧,以天下之乐为己乐。"此种观念,充满着一股浩然正气,渗透了中华学人忧国忧民的担当意识和社会使命感,又将"忧患意识"提升到一个崭新的高度,成为中华民族的一大精神象征。后来的著名学者杨万里、理学大师朱熹,以及明代以后的易学家、思想家、改革家,无不阐发这一忧患意识,如罗钦顺、张居正、王夫之、李光地等。

三、 推崇时中观念

"时中"观念,历代易学家都视其为易道的精髓。清代著名易学家惠栋作《易汉学》,有"《易》尚时中说",明确肯定:"《易》道深矣,一言以蔽

---

① [魏]王弼、[晋]韩康伯注,[唐]孔颖达疏:《周易正义》,李学勤主编《十三经注疏》本,北京大学出版社2000年版,第319页。
② [魏]王弼、[晋]韩康伯注,[唐]孔颖达疏:《周易正义》,李学勤主编《十三经注疏》本,北京大学出版社2000年版,第315—316页。
③ [宋]李觏:《李觏集》卷三,中华书局2011年版,第51页。

之曰:时中。"①

《周易》特重"时"。其言"时",有近六十次之多。这"时"已经不只是天时、时间之义,而具备了"时机""时势""时运""时宜"等含义,并将其提升为一个范畴,从诸多不同角度加以论述,初步形成了一个关于"时观"的理论体系。所以宋代理学大师程颐将《周易》的基本性质及其原则概括为"随时变易以从道"②;明代经学大师蔡清作《易经蒙引》更加明确地提出:"《易》道只是时。"③

"待时而动"是《周易》时观的基本原则之一。《周易》归妹卦九四爻辞说:"归妹愆期,迟归有时。"④就是说,嫁女错过了日期,迟些出嫁,是要等待适当的时机。所以其《象传》解释说:"愆期之志,有待而行也。"⑤有待而行也即"待时而动"。蹇卦《象传》说:"山上有水,蹇。君子以反身修德。"⑥山上有水,这是蹇卦之象。君子观此卦象,受到启发,当此山险水阻、步履维艰之时,唯有自我反省,修养品德,等待时机。又解释初六爻辞说:"'往蹇来誉',宜待也。"⑦是说,当前往必然遭遇险阻,就应该返回原处,精心筹划,等待时机。据此,《易传·系辞》更明确地提出了"待时而动"的命题。其解说解卦上六爻辞"公用射隼于高墉之上,获之,无不利"说:"隼者,禽也。弓矢者,器也。射之者,人也。君子藏器于身,待时而动,何不利之有。动而不括,是以出而有获。语成器而动者也。"⑧

---

① [清]惠栋:《易汉学》卷七,中华书局2007年版,第624页。
② [宋]程颐:《周易程氏传·序言》,中华书局2011年版,第1页。
③ [明]蔡清:《易经蒙引》卷一上,刘建萍等点校,商务印书馆2017年版,第9页。
④ [魏]王弼、[晋]韩康伯注,[唐]孔颖达疏:《周易正义》,李学勤主编《十三经注疏》本,北京大学出版社2000年版,第222页。
⑤ [魏]王弼、[晋]韩康伯注,[唐]孔颖达疏:《周易正义》,李学勤主编《十三经注疏》本,北京大学出版社2000年版,第222页。
⑥ [魏]王弼、[晋]韩康伯注,[唐]孔颖达疏:《周易正义》,李学勤主编《十三经注疏》本,北京大学出版社2000年版,第166页。
⑦ [魏]王弼、[晋]韩康伯注,[唐]孔颖达疏:《周易正义》,李学勤主编《十三经注疏》本,北京大学出版社2000年版,第166页。
⑧ [魏]王弼、[晋]韩康伯注,[唐]孔颖达疏:《周易正义》,李学勤主编《十三经注疏》本,北京大学出版社2000年版,第306页。

"藏器于身"就是将器械工具打磨精良,藏之于身,隐而不发,也即现在所说的"做好充分准备";一旦时机成熟,就迅速果敢,立即行动,此即"待时而动"。"待时而动"说讲的是如何捕捉、把握时势,紧紧抓住机遇的问题。《系辞传》从主体、客体以及主体作用于客体的中间环节诸方面及其相互关系加以论述,讨论事业成功的条件性,更加凸显了"充分准备"的重要性,从而使"待时而动"说也具有了某种形而上的意义。

"与时偕行"是《周易》时观的又一重要原则。"与时偕行"亦即现在所说的与时俱进,这一命题在《易传》中反复出现了三次。《文言传》解说乾卦九三爻辞说:"终日乾乾,与时偕行。"①意思是说,九三爻辞讲君子终日勤勉奋发,至晚夕则安闲休息,虽处危厉之境,亦无灾咎,是因为能与时机、时势共同前进,也即所谓:"乾乾因其时而惕,虽危无咎。"②《淮南子·人间训》解释此爻说:"终日乾乾,以阳动也。夕惕若厉,以阴息也。因日以动,因夜以息,唯有道者能行之。"③"因日以动,因夜以息",即因时而动,因时而止,也即"与时偕行"之义。

损卦《彖传》说:"二簋应有时,损刚益柔有时。损益盈虚,与时偕行。"④这是说,只用两盆饭举行祭祀,如此之薄祭,在恰当的时机也可以实行。本卦的卦象是损下益上,抑阴而扶阳,但有时偏偏损上益下,损刚益柔。因此,减损还是增加,丰盈还是亏损,要与时并进,因其时机、时势而采取不同措施,所以说"损益盈虚,与时偕行"。损卦如此,益卦也不例外,所以益卦《彖传》说:"损上益下,民说无疆。自上下下,其道大

---

① [魏]王弼、[晋]韩康伯注,[唐]孔颖达疏:《周易正义》,李学勤主编《十三经注疏》本,北京大学出版社 2000 年版,第 4 页。
② [魏]王弼、[晋]韩康伯注,[唐]孔颖达疏:《周易正义》,李学勤主编《十三经注疏》本,北京大学出版社 2000 年版,第 17 页。
③ 何宁:《淮南子集释》卷一八,中华书局 1998 年版,第 1296 页。
④ [魏]王弼、[晋]韩康伯注,[唐]孔颖达疏:《周易正义》,李学勤主编《十三经注疏》本,北京大学出版社 2000 年版,第 172 页。

光。……天施地生,其益无方。凡益之道,与时偕行。"①

"与时偕行",在《周易》中也称为"与时行也"。遁卦《象传》说:"'遁亨',遁而亨也。刚当位而应,与时行也。"②这是说,君子退隐,乃是亨通之道。何以如此?盖因阴的势力渐长,小人得意之时,君子不得不因时势而行事,见机而去,暂时隐退。小过卦《象传》又说:"小过亨③,小者过而亨也。过以'利贞',与时行也。"④小过卦有四个阴爻,两个阳爻,阴小而阳大,小的超过大的,故名为"小过"。阴的势力超过阳的势力,何以能够亨通?原来其利在于守正,即能够依据时局而行事,与时机、时势共进退,故曰"过以利贞,与时行也"。据此,艮卦《象传》总结说:"艮,止也。时止则止,时行则行,动静不失其时,其道光明。"⑤当行则行,当止则止,进退行止,与时俱进,不失时机,必有光明前景。

"变通趋时"是《易传》时观更具开创性的命题。春秋战国以来,无论是儒家、道家,还是阴阳五行家,都推崇"时",然而,将变通与"时"联系起来加以思考的,除《庄子·天运》"礼义法度者,应时而变者也"一条之外,尚不多见。而《易传》的作者们,在前述"时"论的基础上,又将变通与时势绾合在一起进行考察,更进一步提出了"变通趋时"的命题,此即《系辞下》所说:"变通者,趣时者也。"⑥《系辞下》又说:"易穷则变,变则通,通则久。"⑦这是说,事物发展到穷极就要变,经过变革,事物就通达顺畅了,

---

① [魏]王弼、[晋]韩康伯注,[唐]孔颖达疏:《周易正义》,李学勤主编《十三经注疏》本,北京大学出版社2000年版,第176—177页。
② [魏]王弼、[晋]韩康伯注,[唐]孔颖达疏:《周易正义》,李学勤主编《十三经注疏》本,北京大学出版社2000年版,第146页。
③ 按:"亨"字据王念孙校补。
④ [魏]王弼、[晋]韩康伯注,[唐]孔颖达疏:《周易正义》,李学勤主编《十三经注疏》本,北京大学出版社2000年版,第245页。
⑤ [魏]王弼、[晋]韩康伯注,[唐]孔颖达疏:《周易正义》,李学勤主编《十三经注疏》本,北京大学出版社2000年版,第214页。
⑥ [魏]王弼、[晋]韩康伯注,[唐]孔颖达疏:《周易正义》,李学勤主编《十三经注疏》本,北京大学出版社2000年版,第295页。
⑦ [魏]王弼、[晋]韩康伯注,[唐]孔颖达疏:《周易正义》,李学勤主编《十三经注疏》本,北京大学出版社2000年版,第300页。

事物的发展又可以维持一长久的局面。这"变"即改变现状,包含有革故与创新之义。所以此文前面一句便是:"神农氏没,黄帝、尧、舜氏作,通其变,使民不倦。"①"作"即有所创造。照这些说法来看,所谓"变通趋时",是说经过人为的努力,紧紧追随时代变动的趋势,改变旧格局,创造新条件,使事物得到更为顺畅的发展,以造福于人类。它着重强调的是人的主观能动性,也即朱熹所谓"所以变通者在人"②,使主体自觉性更为凸显。所以《文言传》两言"故乾乾因其时而惕,虽危无咎矣"③,并极力宣扬"君子进德修业,欲及时也"④。乾乾自强,因时而动,及时增进德行,扩展功业,也是讲要"自强不息","变通趋时"。相反,如果不能发挥人的主观能动性,"变通趋时",就可能遭遇悔吝和凶险。《文言传》解释乾卦上九爻辞说:"亢龙有悔,与时偕极。"⑤与时偕极,即不能紧紧追随变动的时代,故"有悔"。节卦《象传》说:"'不出门庭,凶',失时极也。"⑥不能追随时代的发展,当出而不出,失却时机,所以为"凶"。总之,不能"变通趋时",事业就不可能发达顺畅,获得巨大成功。

然而,在《易传》看来,无论"待时而动""与时偕行",还是"变通趋时",都必须以"时中"为准则。所以《易传》又特别推崇"时中"说。正如清人惠栋所说:"《易》道深矣,一言以蔽之曰:时中。""知时中之义,其于《易》也思过半矣。"⑦

"时中",即"随时以处中",因时而行中道。分开来讲,谓"时",谓

---

① [魏]王弼、[晋]韩康伯注,[唐]孔颖达疏:《周易正义》,李学勤主编《十三经注疏》本,北京大学出版社2000年版,第299页。
② [宋]朱熹:《周易本义》卷三,廖明春点校,中华书局2009年版,第243页。
③ [魏]王弼、[晋]韩康伯注,[唐]孔颖达疏:《周易正义》,李学勤主编《十三经注疏》本,北京大学出版社2000年版,第17页。
④ [魏]王弼、[晋]韩康伯注,[唐]孔颖达疏:《周易正义》,李学勤主编《十三经注疏》本,北京大学出版社2000年版,第17页。
⑤ [魏]王弼、[晋]韩康伯注,[唐]孔颖达疏:《周易正义》,李学勤主编《十三经注疏》本,北京大学出版社2000年版,第20页。
⑥ [魏]王弼、[晋]韩康伯注,[唐]孔颖达疏:《周易正义》,李学勤主编《十三经注疏》本,北京大学出版社2000年版,第241页。
⑦ [清]惠栋:《易汉学》卷七,中华书局2007年版,第624页。

"中",一滚论之,则言"时中"。《周易》六十四卦三百八十四条爻辞,以二五爻居于上下卦的中位,其吉辞最多。约略统计,六十四卦之中,二爻的爻辞属于吉的约三十三卦,属于无咎的约十四卦;五爻的爻辞属于吉的约四十二卦,属于无咎的也是十四卦,占其总数的百分之八十二还多。所以《易传·系辞》说:"二多誉,四多惧。""三多凶,五多功。"①受其影响,孔子也推崇中道。此即《孟子·尽心下》所说:"孔子岂不欲中道哉?不可必得,故思其次也。"②但孔子尚未将"时"作为人的行为准则。推崇"时",并将时同中联系起来加以思考的,是孟子。

《易传》推崇"时中",并以此作为解释筮法的一条重要原则,当是受了孟子的影响。《彖传》言"时"者二十四卦,言"中"者三十五卦;《象传》言"中"者,更有三十八卦之多。如其解释大有卦说:"应乎天而时行,是以'元亨'。"③释小过卦说:"过以'利贞',与时行也。"④释损卦说:"损刚益柔有时。损益盈虚,与时偕行。"⑤释益卦说:"凡益之道,与时偕行。"⑥更有"天下随时。随时之义大矣哉"⑦、"革之时大矣哉"⑧、"险之时用大矣哉"⑨、"《蹇》之时用大矣哉"⑩等等说法。其以"中"或"中正"释卦爻

---

① [魏]王弼、[晋]韩康伯注,[唐]孔颖达疏:《周易正义》,李学勤主编《十三经注疏》本,北京大学出版社2000年版,第318页。
② [宋]朱熹:《四书章句集注》,中华书局2012年版,第383页。
③ [魏]王弼、[晋]韩康伯注,[唐]孔颖达疏:《周易正义》,李学勤主编《十三经注疏》本,北京大学出版社2000年版,第76页。
④ [魏]王弼、[晋]韩康伯注,[唐]孔颖达疏:《周易正义》,李学勤主编《十三经注疏》本,北京大学出版社2000年版,第246页。
⑤ [魏]王弼、[晋]韩康伯注,[唐]孔颖达疏:《周易正义》,李学勤主编《十三经注疏》本,北京大学出版社2000年版,第172页。
⑥ [魏]王弼、[晋]韩康伯注,[唐]孔颖达疏:《周易正义》,李学勤主编《十三经注疏》本,北京大学出版社2000年版,第177页。
⑦ [魏]王弼、[晋]韩康伯注,[唐]孔颖达疏:《周易正义》,李学勤主编《十三经注疏》本,北京大学出版社2000年版,第88页。
⑧ [魏]王弼、[晋]韩康伯注,[唐]孔颖达疏:《周易正义》,李学勤主编《十三经注疏》本,北京大学出版社2000年版,第203页。
⑨ [魏]王弼、[晋]韩康伯注,[唐]孔颖达疏:《周易正义》,李学勤主编《十三经注疏》本,北京大学出版社2000年版,第130页。
⑩ [魏]王弼、[晋]韩康伯注,[唐]孔颖达疏:《周易正义》,李学勤主编《十三经注疏》本,北京大学出版社2000年版,第166页。

辞,更是随处可见。如其释需卦说:"位乎天位,以正中也。"①释讼卦说:"'利见大人',尚中正也。"②释小畜卦说:"健而巽,刚中而志行,乃亨。"③释既济卦说:"'初吉',柔得中也。"④释未济卦说:"'未济,亨',柔得中也。"⑤在《易传》看来,"中"与"时"是相联系的,并明确提出"时中"这一概念,从而又将"时中"也即因时而行中道,作为人的行为准则。如《象传》释蒙卦说:"'蒙,亨',以亨行,时中也。"⑥蒙卦的卦象是上艮下坎,艮为山,其义为止,坎卦义为险,表示遇险而止。人有亨美之德,进止得其时宜,因时而行中道,所以卦辞言"亨通"。其释艮卦"时止则止,时行则行,动静不失其时"⑦,同孟子所说"可以仕则仕,可以止则止,可以久则久,可以速则速"⑧,大致相当,也是"时中"之义。《中庸》也说:"君子之中庸也,君子而时中。"⑨《易传》推崇"时中",正是当时社会思潮的集中反映和高度凝练。据此,惠栋所说"知时中之义,其于《易》也思过半矣"⑩,也就不难理解了。

　　除上述所论"待时而动""与时偕行""变通趋时"与"时中之义"之外,《易传》还特别强调"时"的重要性,其中言"时大矣哉"四次,言"时义大矣哉"五次,言"时用大矣哉"三次,共有十二次之多。这样,就在前人

---

① [魏]王弼、[晋]韩康伯注,[唐]孔颖达疏:《周易正义》,李学勤主编《十三经注疏》本,北京大学出版社2000年版,第42页。
② [魏]王弼、[晋]韩康伯注,[唐]孔颖达疏:《周易正义》,李学勤主编《十三经注疏》本,北京大学出版社2000年版,第45页。
③ [魏]王弼、[晋]韩康伯注,[唐]孔颖达疏:《周易正义》,李学勤主编《十三经注疏》本,北京大学出版社2000年版,第58页。
④ [魏]王弼、[晋]韩康伯注,[唐]孔颖达疏:《周易正义》,李学勤主编《十三经注疏》本,北京大学出版社2000年版,第250页。
⑤ [魏]王弼、[晋]韩康伯注,[唐]孔颖达疏:《周易正义》,李学勤主编《十三经注疏》本,北京大学出版社2000年版,第253页。
⑥ [魏]王弼、[晋]韩康伯注,[唐]孔颖达疏:《周易正义》,李学勤主编《十三经注疏》本,北京大学出版社2000年版,第38页。
⑦ [魏]王弼、[晋]韩康伯注,[唐]孔颖达疏:《周易正义》,李学勤主编《十三经注疏》本,北京大学出版社2000年版,第214页。
⑧ [宋]朱熹:《四书章句集注》,中华书局2012年版,第234页。
⑨ [宋]朱熹:《四书章句集注》,中华书局2012年版,第19页。
⑩ [清]惠栋:《易汉学》卷七,中华书局2007年版,第626页。

的基础上,初步建构了一个关于"时观"的理论体系,对中国哲学在先秦时期的进一步丰富与展开,做出了重要贡献,对后来易学哲学的发展也产生了深刻影响。

四、 奠基阴阳学说

易学哲学的思想体系,集中到一点,就是以阴阳变易的法则说明一切事物的产生、发展和变化,可以称之为"阴阳变易"学说。阴阳变易学说乃《周易》知识系统的核心和精髓。而这一学说的基本思想则是由战国时期的《易传》奠定的。

《易传》吸收道家和阴阳家的阴阳学说,以阴阳范畴说明卦象、爻象以及事物的根本性质,并提出"一阴一阳之谓道"的命题,概括《周易》及其哲学的基本原理。《系辞传》说:"一阴一阳之谓道。继之者善也,成之者性也。仁者见之谓之仁,知者见之谓之知,百姓日用而不知,故君子之道鲜矣。"[①]这是认为,任何事物,包括卦爻象的变化,都是又阴又阳,有阳就有阴,有阴就有阳,这是第一层意思;第二层意思是,阳可以变成阴,阴也可以变成阳,这就是"一阴一阳"。此阴阳两个方面相互对立、相互渗透、相互作用而又相互转化,就是一切事物构成和发展变化的根本规律,所以说"一阴一阳之谓道"。凡是继承这一法则,具备一阴一阳的,就构成事物完善的本性。可是一般人总是看不到阴阳两个方面,或者见仁而不见智,或者见智而不见仁,仅以自己所看到的那一面为"道"。而普通的老百姓只是在日常生活中接触此道,运用此道,却并不懂得这个道理。这样,真正了解君子之道的人就太少了。

《易传》以"一阴一阳"概括《周易》的基本原理,就将整个《周易》的

---

① [魏]王弼、[晋]韩康伯注,[唐]孔颖达疏:《周易正义》,李学勤主编《十三经注疏》本,北京大学出版社 2000 年版,第 268—270 页。

框架结构贯穿为一个有机的完整体系。离开了一阴一阳及其变易,也就没有《周易》。同时"一阴一阳"也概括了事物的性质及其变化法则。一阴一阳这个总原则,又是贯穿天道、地道和人道的总规律。从自然现象到人类社会生活,都存在相互对立的方面,此种对立的性质即称之为"一阴一阳"。这些对立面相互变通,如日月有推移,寒暑有往来,行动有屈伸,处境有穷通,也是一阴一阳。

"一阴一阳之谓道"这一命题,包含了一种理论思维,即承认事物存在着两重性,并将对立面的依存和转化看成事物的本性及其变化的规律,要求人们从对立的两个方面去观察和把握事物的性质,既要看到阳的一面,又要看到阴的一面,只看到对立的一方,见仁而不见智,是一种片面的观点。后来的易学家和哲学家们,无不阐发这一古老而深刻的命题,作为自己哲学体系的组成部分,从而对中国哲学的发展做出了重要贡献。

"阴阳不测之谓神"是阴阳变易学说的又一重要命题。意思是说,阴阳变易遵循一定的规律,但又变动不居,往来无常,没有固定的模式,微妙莫测,所以称为"神"。这是《系辞传》用来解释筮法的命题,又成为中国哲学的一个重要思想。按照《易传》的说法,奇偶之数和刚柔爻象,其变化微妙,难以推测,故称其为"神"。就数蓍草棍求卦象来说,事先不能预定求得某卦,其后果也不能预先确知,这是阴阳不测;就卦象的变化说,事先不能断定某爻为老阴,某爻为老阳(即六或者九),这也是阴阳不测。此种变化莫测的性质,《系辞传》就称之为"神",即神妙莫测。我们平常所说的"天有不测风云""人有旦夕祸福",正是这个意思。此种莫测之"神"总是与变化相联系的,它既表示阴阳变化的"不测",又表示万物变化之"妙",所以在《说卦传》中又说:"神也者,妙万物之为言者也。"①

---

① [魏]王弼、[晋]韩康伯注,[唐]孔颖达疏:《周易正义》,李学勤主编《十三经注疏》本,北京大学出版社 2000 年版,第 328 页。

神就是显示万物微妙变化的。

在《易传》看来,揲蓍求卦和天地万物的根本法则是阴阳变易,人们可以认识它,应用它,但不能简单化、僵硬化地理解。它作为事物的本性和规律具有稳定性、恒久性和确定性,这叫作"常",易学也称为"道";另一方面,其具体表现又复杂多端、瞬息万变,没有固定的方向和体制,具有某种偶然性和不确定性,这叫作"神",即《系辞传》所说的"阴阳不测之谓神"①、"神无方而易无体"②。清代易学大师王夫之称之为变动不居,"不主故常"③。其宗旨是反对以固定不变的模式观察事物的变化。

强调变易是《周易》的根本宗旨,而所谓变易的根本要义即是"生生""日新",这就是《系辞传》所说的:"天地之大德曰生"④,"日新之谓盛德。生生之谓易"⑤,把生生不已看作天地万物的根本性质。"日新",就是不断更新,日日不同。"生"就是创造,"生生"即不断有新的创造。也就是说,每日更新才是天地最大的德行,生而又生,不断有所创造,才称得上变易。由于阳变阴合,不主故常,所以世界永远处于运动和变化的过程中,百川流动而不息,万物昌盛而不匮,日月光明而永放。唯其日新,方能富有一切。此即王夫之《周易外传》所说的"推陈致新","推故而别致其新"⑥。如果只守其故物而不能自新,虽然还没有消失,亦枯槁而接近于死亡了。所以《易传》说"日新之谓盛德"。

《易传》进一步揭示了世界之所以变化日新、生生不已的根本原因,

---

① [魏]王弼、[晋]韩康伯注,[唐]孔颖达疏:《周易正义》,李学勤主编《十三经注疏》本,北京大学出版社2000年版,第272页。
② [魏]王弼、[晋]韩康伯注,[唐]孔颖达疏:《周易正义》,李学勤主编《十三经注疏》本,北京大学出版社2000年版,第268页。
③ [明]王夫之:《周易内传》卷五上,《船山全书》第1册,岳麓书社1988年版,第519页。
④ [魏]王弼、[晋]韩康伯注,[唐]孔颖达疏:《周易正义》,李学勤主编《十三经注疏》本,北京大学出版社2000年版,第297页。
⑤ [魏]王弼、[晋]韩康伯注,[唐]孔颖达疏:《周易正义》,李学勤主编《十三经注疏》本,北京大学出版社2000年版,第271页。
⑥ [明]王夫之:《周易外传》,中华书局1977年版,第63页。

就在于事物自身所包含的阴阳两个方面的相互推移、相互作用,此即《系辞传》所说:"刚柔相推而生变化"①,"刚柔相推,变在其中"②。刚柔也就是阴阳,是阴阳的另一种说法。在《易传》看来,这不仅是《周易》卦爻象变易的法则,也是宇宙的普遍法则,即《系辞传》所说:"六爻之动,三极之道也。"③一卦六爻的变动,体现了天地人三才至极之道。如日月相推方有光明,寒暑相推方成岁月。这种刚柔相推说,是以对立面的推移解释变化,认为没有阴阳对立面,就没有变易,阴阳对立面不相互推移,也没有变易,把对立面的相互作用看成是变化的原因,是中国古代内因论的先驱。

此种"阴阳变易"学说,既是一种世界观,也是一种方法论,更是一种思维方式。长期以来,其经过历代思想家的阐发,渗透到社会的方方面面,成为中国人观察和解释世界、处理人类生活问题的工具,产生了极其深远的影响。

参考文献

1. 张岱年:《张岱年文集》,清华大学出版社(1989—1995)年版。
2. 郑万耕、赵建功:《周易与现代文化》,中国广播电视出版社1998年版。
3. 张岱年:《中国文化的基本精神》,《齐鲁学刊》2003年第5期。
4. 郑万耕:《〈易传〉忧患意识的历史考察》,《北京师范大学学报》

---

① [魏]王弼、[晋]韩康伯注,[唐]孔颖达疏:《周易正义》,李学勤主编《十三经注疏》本,北京大学出版社2000年版,第261页。
② [魏]王弼、[晋]韩康伯注,[唐]孔颖达疏:《周易正义》,李学勤主编《十三经注疏》本,北京大学出版社2000年版,第294页。
③ [魏]王弼、[晋]韩康伯注,[唐]孔颖达疏:《周易正义》,李学勤主编《十三经注疏》本,北京大学出版社2000年版,第263页。

(社会科学版)2007年第3期。

5. 郑万耕:《〈易传〉时观溯源》,《周易研究》2008年第5期。

6. 吴龙灿:《〈周易〉升格考》,《儒藏论坛》第7辑,四川大学出版社2014年版。

7. 梁山:《司马光〈温公易说〉的政治思想》,《宋代文化研究》第25辑,四川大学出版社2019年版。

(责任编辑:王小红)

论李鼎祚的易象观

林忠军[*]

摘要:《周易集解》的成书,与易学发展、蜀地象数易传统及李鼎祚深厚的易学功底和敏锐的易学思维相关。据考证,李鼎祚出生于天宝元年(742)前后,在当时德高望重,为当地民众所推崇。然而史书无传,其原因恐与他官位较低,从事的象数易学研究与当时政治有相当距离有关。李氏易象观是对《易传》及以虞翻为代表的汉《易》的整合与阐发。李氏注《易》,延续汉儒之传统方法,以《说卦传》八卦之象和"逸象"注《易》;改变取象方法,如用互体、卦变、纳甲、爻辰、升降、卦气、之正等方法取象。李氏《周易集解》的价值在于:它为研究两汉象数易学提供了宝贵的资料;承上启下,是易学发展的一个不可缺少的重要环节,是清儒汉易复兴和重建的思想源头;通过对易学发展源流的阐述,完成了唐代易学由专崇王学玄理向象数的转变,再次确立象数易学在易学史上的地位,站在象数立场上消除象数与玄理的隔阂,实现二者的统一。

关键词:李鼎祚 《周易集解》 易象观 以象解《易》

---

[*] 林忠军,山东大学易学与古代哲学研究中心教授、博士生导师,《周易研究》副主编,山东泰山学者特聘专家。主要从事易学研究。

一、《周易集解》的成书与李鼎祚生平事迹考

李鼎祚作《周易集解》,绝不是偶然的,它是由多种因素决定的。首先,它是易学发展的产物。两汉象数易学由产生逐渐达到鼎盛,至魏晋玄学易兴盛,象数易学式微。唐朝统治者为了巩固和加强建立起来的庞大的"大一统"体制,加快意识形态的建设,以适应当时政治、经济等方面的需要,故命孔颖达等人撰《五经正义》,颁布于天下,成为统治者治理国家的理论工具。其中《周易正义》取王弼注而为之疏,王学遂成为官学而居尊位,这从政治上说,极大地满足了当时的理论需要。从学术上说,克服了长期易学多门、章句繁杂的问题,而达到空前的统一。然而以王学统一易学,仍然出现种种难尽人意、无法克服的矛盾。如"以其杂出众手,未能自成一家"①,《周易正义》虽明言王学之失,而疏义仍失于虚浮,"以王注本不摭实也"②。而且于许多方面,则有过之而无不及。在玄学易虚浮之风暴露无遗的情况下,易学发展急需扎根象数、训释大义之功夫,以纠正其偏。李鼎祚的《周易集解》正是适应了易学发展而产生的,也就是说《周易集解》成书是由易学发展决定的。同时,蜀地有着象数易的传统和丰富的易学资料。三国时,蜀有李譔,师从宋衷;许慈则善郑《易》;范长生蜀才作《易注》,主郑、荀、虞三大家。更为重要的是,以集解汉魏象数易为主的《九家易》已成书,且流传到蜀地,这就为生活在蜀地的李鼎祚研究象数易学、撰写集解性的著作准备了条件。考《周易集解》,集前人易说百余节以上有六家,其中就有《九家易》,这足以证明《九家易》对李氏的影响。近人曹元弼曾就此指出:"案此书六朝人所为,实开资州之先河。"③另外,《周易集解》成书,与李氏博学和易学修养有关。

---

① [清]皮锡瑞:《经学历史》,中华书局1959年版,第201页。
② [清]皮锡瑞:《经学历史》,中华书局1959年版,第203页。
③ [清]曹元弼:《周易集解补释》,上海人民出版社2019年版,第11页。

李氏自幼博学强记,具备了深厚的易学功底和敏锐的易学思维能力,才使他感悟到易学发展的脉搏,从而才有《周易集解》成书。正如他《自序》中道:"臣少慕玄风,游心坟籍,历观炎汉,迄今巨唐,采群贤之遗言,议三圣之幽赜,集虞翻、荀爽三十余家,刊辅嗣之野文,补康成之逸象。"①这个陈述,实际上说的是《周易集解》成书的主观原因。

然而,《周易集解》作者李鼎祚,新旧《唐书》无传,其生平不详,先儒多失考。明儒朱睦㮮云:"鼎祚,资州人,仕唐为秘阁学士,以经术称于时,及阅唐列传与蜀志,俱不见其人,岂遗之耶?抑别有所载耶?因附论著于此,以俟博雅者考焉。"②清四库馆臣也云:"鼎祚,《唐书》无传,始末未详。惟据《序》末结衔,知其官为秘书省著作郎。据袁桷《清容居士集》载,资州有鼎祚读书台,知为资州人耳。朱睦㮮《序》称为秘阁学士,不知何据也。其时代亦不可考。《旧唐书·经籍志》称录开元盛时四部诸书而不载是编。知为天宝以后人矣。"③然清刘毓崧撰《通义堂文集》有此书《跋》,作者在《跋》中,依据《周易集解》自序及《元和郡县图志》《太平寰宇记》《舆地纪胜》《通志》《能改斋漫录》等书对李鼎祚生平仕履做了详尽考辨。今录之如下:

新旧《唐书》皆无李鼎祚传,据《集解》标题,知其为资州人。而蜀中志乘,亦罕见其名氏。今以《自序》及《元和志》《寰宇记》《舆地纪胜》,参之《通志》《能改斋漫录》等书,其事迹官阶,尚可考见大略。盖鼎祚系资州盘石县人。盘石即资州治所,州东有四明山,鼎祚兄弟读书于山上,后人名其地为读书台。明皇幸蜀时,鼎祚进《平胡论》,后召守左拾遗。肃宗乾元元年,奏以山川阔远,请割泸、普、渝、合、资、荣等六州界,置昌州。二年春,从其议兴建,

---

① [唐]李鼎祚:《周易集解》,载张文智:《〈周易集解〉导读》,齐鲁书社2005年版,第84页。
② [清]朱彝尊:《经义考新校》,林庆彰等主编,上海古籍出版社2010年版,第238页。
③ [清]永瑢等:《四库全书总目》卷一,中华书局2008年版,第3页。

凡经营相度皆躬与其劳,是时仍官左拾遗。尝充内供奉。曾辑梁元帝及陈乐产、唐吕才之书,以推演六壬五行,成《连珠明镜式经》十卷,又名《连珠集》。上之于朝,其事亦在乾元间。代宗登极后,献《周易集解》,其时为秘书省著作郎,仕至殿中侍御史。以唐时官品阶秩考之,左拾遗系从八品上阶,秘书省著作郎系从五品上阶,殿中侍御史系七品上阶。由左拾遗而为著作郎,固属超迁,由著作郎而为殿中侍御史,亦非左降,盖官职之要剧间散,随时转移。……意者鼎祚亦以著作郎而兼殿中侍御史欤?是故综核其生平出处,方未仕之日,即献策以讨安禄山后,此召拜拾遗,当必因其所言有验。观于请建昌州之奏,若早虑及寇贼凭陵,故其州曾为兵火所焚,而节度使崔宁又奏请复置以镇压夷獠。盖其形势控扼险固,兵法所谓地有所必争也。则鼎祚之优于经济而好进谟猷,即此可以概见。其改官御史,建白必大有可观。惜乎奏议之不传耳。迨身殁以后,资州人士为立四贤堂,绘其像以祀之。尤足征其德望素隆,为乡邦推重。在唐代儒林之内,不愧为第一流人,非独《集解》之书有功于易学已也。乃国史既不为立传,方志亦不详述其人。凡此记载之疏,安可以曲为解免也哉。①

从以上考证中,可以清楚地看到以下几个问题:其一,李鼎祚是资州盘石人,今属四川资中县。其生活在唐朝中后期,即经历唐玄宗、肃宗、代宗三代。从他献策讨伐安禄山看,他出生在天宝元年(742)前后,甚至还可以往前一些。其二,政治上,李氏积极为统治者献计献策。安史之乱,他进《平胡论》,为讨伐安禄山等人出谋划策。为了加强对少数民族地区的统治,防止叛乱,又上奏在泸、普、渝、合、资、荣等六州界险要之地置昌

---

① [清]刘文淇、[清]刘毓崧、[清]刘寿曾:《仪征刘氏集》,广陵书社2018年版,第186—190页。

州。其三,他勤于读书,精于经学,尤通象数易学,擅筮占。李氏兄弟曾读书于州东四明山,后人曾名其读书地为读书台。《蜀故》言他"以经学称于时"①。在代宗登极后,他将撰成的《周易集解》献于朝。同时,他曾推演六壬五行,撰成《连珠明镜式经》十卷,说明他对象数易学及术数理论颇有研究。据《蜀故》记载,他"预察胡人判亡之日期无爽毫发,象数精深,盖如此然"②。由此他被召拜为拾遗。其四,他官至左拾遗、秘书省著作郎、殿中侍御史。这些官职皆随其当时政绩而授。如进《平胡论》,因其所言有验,而被召为左拾遗。建议设昌州,又充内供奉。撰《连珠明镜式经》《周易集解》献于朝,而为秘书省著作郎和殿中侍御史。由于这个缘故,《跋》中所猜测"鼎祚亦以著作郎而兼殿中侍御史"当合乎情理。其五,李鼎祚在当时德高望重,为当地民众所推崇,死后资州立四贤堂,"在郡治绘王褒、范崇凯、李鼎祚、董钧像"③以祀之。故《跋》称他为"唐代儒林之内不愧为第一流人物,非独《集解》之书有功于易学已也"。

  李氏及其易学在当时声誉如此高,那么为什么唐史不立传,方志亦不详其人?其中必有原因。笔者管见,唐史不列其人,既非遗之,也非别有所载,恐与他从事的研究及其影响有关。唐朝易学尊崇王学,孔颖达等人奉命撰《周易正义》并被立为国学,每年明经依此考试,自唐至宋,明经取士,皆遵此本。由于功利所使,玄学易成为易学主流和正宗。为官者多习玄学易,掌管撰写史书者除了自身原因外,自然更以政治理论需要为标准取舍人物。李氏致力于象数易学必然受到冷落而不为列传,这是其一。其二,李氏经术以《周易集解》而出名。此书虽然也被载入史书中,但此书以集前人研究成果为主。其中每节集解之后,常附有"案语",这些"案语"是对前人未尽之意加以补充,多宗荀虞,有见解者极少。从这个意义上说,《集解》是一部资料性的著作,与当时政治还有相当距离,

---

① [清]彭遵泗编:《蜀故》,刘兴亮整理,国家图书馆出版社2017年版,第183页。
② [清]彭遵泗编:《蜀故》,刘兴亮整理,国家图书馆出版社2017年版,第183页。
③ [宋]王象之编:《舆地纪胜》,中华书局2012年版,第4261页。

无法与唐人其他的易学注疏著作相提并论,故逐渐被人遗忘,以致宋代贤良多不知。"庆历壬午相府策贤良六题,一出此书,素未尝见,贤良多下者。"①故后世修史不列李氏。其三,李氏官职不显要。官职是否显要也是古人修史取舍的重要标准。李氏一生为官,最高是秘书省著作郎,为五品,较为重要的是殿中侍御史属七品,故从其官职看在当时是不显要的,在史书中没有列其传是合乎情理的。

二、李氏易象观及以象注《易》的方法

按照《易传》的解释,易象的形成是古代圣贤效法自然的结果。"是故夫象,圣人有以见天下之赜,而拟诸其形容,象其物宜,是故谓之象。"(《系辞传》)李氏在精研《易传》基础上,对易象的形成做了具体的说明。他认为,易分两种,一种是自然之易,这是客观存在的,这种自然之易起源于气,是由气之变化所致。气之阴阳变化而形成三才之象。这三才之象在天成八卦之象,在地成八卦之形。经过八卦相荡又形成人及万物之象。如他说:

> 元气缊缊,三才成象,神功浃洽,八索成形,在天则日月运行,润之以风雨;在地则山泽通气,鼓之以雷霆。至若近取诸身,四支百体合其度;远取诸物,森罗万象备其工。②

李氏在这里是以宇宙生成学说来论述自然之象形成的,这种自然之象被分为八种,即八卦之象,由于八卦之象交感推移,形成了包括人在内的万物之象,这种万物之象不是别的,就是客观存在的六十四种象,这就

---

① [宋]计用章:《周易集解后序》,转引自[清]朱彝尊:《经义考新校》,林庆彰等主编,上海古籍出版社2010年版,第236页。
② [唐]李鼎祚:《周易集解》,载张文智:《〈周易集解〉导读》,齐鲁书社2005年版,第83页。

是自然之易。

另一种是人为之易,这种易是圣人仰观俯察,对自然之象进行分析抽象的结晶,这就是易象,在李氏看来,无论是八卦之象还是六十四卦之象皆为圣人对自然之象的摹拟和效法。他引用《系辞传》"古者庖牺氏之王天下也,仰则观象于天,俯则观法于地,观鸟兽之文与地之宜,近取诸身,远取诸物,于是始作八卦"和"圣人有以见天下之赜,而拟诸其形容,象其物宜,是故谓之象。圣人有以见天下之动,而观其会通,以行其典礼,系辞焉以断其吉凶,是故谓之爻"以说明易象的形成。同时,六十四卦排列也本之于客观自然界。如他说:

> 逮乎天尊地卑,君臣列位,五运相继,父子道彰,震、巽索而男女分,咸、恒设而夫妇睦。①

此是讲由天地变化到人类社会形成,才有《周易》中的八卦和六十四卦。六十四卦上经始于乾坤,下经始于咸恒。此是对六十四卦自乾坤到既济未济排列的客观依据的解说,取自《序卦传》:"有天地,然后有万物;有万物,然后有男女;有男女,然后有夫妇;有夫妇,然后有父子;有父子,然后有君臣;有君臣,然后有上下;有上下,然后礼义有所错。"以此,他得出结论:"象者,象也。取其法象卦爻之德。"②

李氏对易象的看法,吸取了《易传》中《序卦》和《系辞》的思想。如《序卦》言卦序是以自然天地人类社会发展为据的,《系辞》开篇也说八卦形成源于自然之象。汉末虞翻根据《系辞传》提出"日月之八卦"和圣人则日月而画圣人之八卦。显然,李氏观点是对《易传》及以虞翻为代表的汉易的整合与阐发。另外,李氏还指出易象有观象制器、道德教化和筮

---

① [唐]李鼎祚:《周易集解》,载张文智:《〈周易集解〉导读》,齐鲁书社2005年版,第83页。
② [唐]李鼎祚:《周易集解》,载张文智:《〈周易集解〉导读》,齐鲁书社2005年版,第92页。

占三个作用,其思想观点与《系辞传》观点一致。

关于易象在注经中的运用,李氏延续汉儒之传统,从《系辞》"观象系辞"出发,以象注辞作为最基本方法,贯通象注辞。其表现是以《说卦》所列八卦象为最基本的材料注释易辞,以揭示象辞之间内在的联系。他以《说卦》之象注《易》,如《坎·上六象》注:"案坎于木坚而多心,丛棘之象也。"①《姤·九三》注:"案巽为股,三居上,臀也。"②《革·上六象》注:"案兑为口,乾为首。今口在首上,面之象也。"③《艮》注:"案艮为门阙。今纯艮重其门阙,两门之间,庭中之象也。"④以上所言"坎于木坚而多心""巽为股""兑为口""乾为首""艮为门阙"皆取自《说卦》。

然而,《周易》成书,取象系辞随意性较强,无严格规定,并非像汉儒所理解得那样,一辞对应一象。如果象辞绝对对应,《周易》文本有相同的辞必有相同的象,有相同的象必有相同的辞。但是实际情况并非完全如此。《周易》文本中,有相同辞而有不相同的象或有相同象而有不相同的辞,十分多见。如泰否皆言"拔茅茹,以其汇",二者象不同。《涣》初六与《明夷》六二皆言"用拯马壮吉",二者卦象不同。《小畜》卦辞与《小过》六五皆言"密云不雨自我西郊",二者卦象不同。而象相同辞不同者,则更是比比皆是,此不赘述。因此,若要做到以象释辞,揭示《易》辞之一字一句均非圣人随意而作,皆本于象,仅仅用《易传》已有方法和易象则不足完成以象注经的任务,必须超越《易传》已有方法和卦象。因《说卦》所列之象,是有限的,而以这有限的卦象去注释复杂多样的易辞时,往往显得无能为力。也就是说,用《说卦传》中八卦之象无法一一解读文本卦爻辞,这是汉魏以来易学家以象注经所面对的困境。与汉儒一样,李氏注《易》另求其他途径,根据注经的需求,通过引申、推衍《说卦传》原有的

---

① [唐]李鼎祚:《周易集解》,载张文智:《〈周易集解〉导读》,齐鲁书社2005年版,第218页。
② [唐]李鼎祚:《周易集解》,载张文智:《〈周易集解〉导读》,齐鲁书社2005年版,第273页。
③ [唐]李鼎祚:《周易集解》,载张文智:《〈周易集解〉导读》,齐鲁书社2005年版,第296页。
④ [唐]李鼎祚:《周易集解》,载张文智:《〈周易集解〉导读》,齐鲁书社2005年版,第305页。

八卦之象,或旁征博引易学文本内外的数据,扩展八卦之象的数量,即所谓"以象生象"。如用《说卦》的"逸象"注《易》。如《豫·象》注:"坎为法律,刑罚也。坤为众顺而民服也。"①《复·上六》注:"案坤为先迷,故曰迷复。坤又为师象,故曰行师。"②《大畜·象》注:"案乾为贤人也,艮为宫阙也。令贤人居于阙下,不家食之象。"③《未济·九四象》注:"案坎为志,震为行,四坎变震,故志行也。"④以上所言"坎为法律""坎为志""坤为先迷""乾为贤人""震为行"等不见于《说卦》,这些不见于《说卦》的象,在崇尚圣人经典的时代极容易遭到质疑,故有《说卦》"逸象"之说。从现代易学研究看,因为缺乏证据,无法证明《说卦》的"逸象"是否真实存在,事实应该是这些遗失的象是汉代虞翻等大易学家,根据注经的需要,从《周易》经文、传文,尤其《说卦》及其他易学文献等整理、引申出来的,而成为后世象数易学家注《易》的工具。当然我们并不排除圣人有"逸象",至于汉儒所言"逸象"哪些是圣人之"逸象",因为资料所限,无法考证。

同时,除了增加八卦数量外,李鼎祚与汉儒一样,改变取象方法,即通过变换卦的结构,探寻卦与卦之间的联系,或旁征博引易学和易学以外文献数据,找出所需要的象,如用互体法、卦变法、纳甲法、爻辰法、升降法、之正等方法取象。正如王弼所言"互体不足,遂及卦变,变又不足,推致五行"⑤,从而达到注经目的,即所谓"象外生象"。李氏沿用了汉儒种种取象的方法。归纳起来主要有以下几种方法:

(一) 爻体法

此法由郑玄发明且运用于注经中。所谓爻体,是根据阴阳爻所居位置而表示一卦之体。简言之,一爻可以代表一个经卦卦体。如阳爻居初

---

① [唐]李鼎祚:《周易集解》,载张文智:《〈周易集解〉导读》,齐鲁书社2005年版,第196页。
② [唐]李鼎祚:《周易集解》,载张文智:《〈周易集解〉导读》,齐鲁书社2005年版,第201页。
③ [唐]李鼎祚:《周易集解》,载张文智:《〈周易集解〉导读》,齐鲁书社2005年版,第205页。
④ [唐]李鼎祚:《周易集解》,载张文智:《〈周易集解〉导读》,齐鲁书社2005年版,第348页。
⑤ [魏]王弼:《周易注》,楼宇烈校释,中华书局2012年版,第285页。

为震,阴爻居初为巽;阳爻居中为坎,阴爻居中为离;阳爻居上为艮,阴爻居上为兑。这个理论源于《易传》中卦主说和乾坤生六子说。《说卦传》云:"乾,天也,故称乎父;坤,地也,故称乎母。震一索而得男,故谓之长男;巽一索而得女,故谓之长女。坎再索而得男,故谓之中男;离再索而得女,故谓之中女。艮三索而得男,故谓之少男;兑三索而得女,故谓之少女。"此为乾坤生"六子"说。据此说可以推断:震一阳爻居下,巽一阴爻居下;坎一阳爻居中,离一阴爻居中;艮一阳爻居上,兑一阴爻居上。又案《系辞》"阳卦多阴,阴卦多阳"的思想可知,阳卦是以一阳爻为主,阴卦是以一阴爻为主。故一爻可以代表一卦。此为爻体说的根据。李氏继承了郑玄这一方法,多次运用于注《易》中,以补诸家易注之不足。如初爻取象者,李注《同人·初九象》云:"案初九震爻,帝出乎震,震为大涂,又为日门,出门象也。"①注《否·初六象》云:"案初六巽爻,巽为草木,阳爻为木,阴爻为草。初六阴爻,草茅之象也。"②以中爻取象者,如注《师·六五》云:"案六五离爻,体坤。离为戈兵,田猎行师之象。"③注《大畜·六五象》云:"案九二坎爻,坎为豕也。"④以上爻为象者,如注《谦·上六象》云:"案上六兑爻。兑为口舌,鸣谦之象也。"⑤另外,《坎·上六象》注、《谦·六五象》注、《观·六二象》注、《贲·六五象》注等皆用爻体法。以此法取象简易而灵活,以任何一个爻得出一个卦象,一卦六爻可以相应得出六个象,从而使一个别卦卦画蕴含更多的卦象,为以象解易提供了便利。

(二) 互体法

互体法是李氏常用的另一种取象方法(此法有时又被称为互体之

---

① [唐]李鼎祚:《周易集解》,载张文智:《〈周易集解〉导读》,齐鲁书社2005年版,第159页。
② [唐]李鼎祚:《周易集解》,载张文智:《〈周易集解〉导读》,齐鲁书社2005年版,第156页。
③ [唐]李鼎祚:《周易集解》,载张文智:《〈周易集解〉导读》,齐鲁书社2005年版,第137页。
④ [唐]李鼎祚:《周易集解》,载张文智:《〈周易集解〉导读》,齐鲁书社2005年版,第207页。
⑤ [唐]李鼎祚:《周易集解》,载张文智:《〈周易集解〉导读》,齐鲁书社2005年版,第168页。

象)。此法打破一卦有内外卦体之分,变换角度,从一卦六爻中可以找出许多经卦和由经卦组成的别卦。如最常见的汉人互体,二三四互体一卦,三四五互体一卦,然后由二至五爻可以组成一个新的别卦。汉末虞氏是互体之法集大成者,他不仅使用了最常见的互体法,而且也使用了经卦半象互体(二画互体)和别卦的四画连互。李氏注《易》多沿用汉人一般的互体之法,即经卦互体。如他注《师·九二象》云:"案二互体震。"①注《履·六三象》云:"三互离爻,离为向明。"②注《同人·九三象》云:"案三互离巽。巽为草木,离为戈兵。"③注《大壮·九三象》云:"案自三至五体兑,兑为羊。"④同时,他有时直接互出两个经卦,这个经卦实际上是一个别卦,只是不取别卦之象而已。如注《履·六三象》云:"互体离兑,水火相刑,故独唯三被咥凶矣。"⑤注《否·九五》云:"二互坤、艮,艮山坤地,地上即田也。"⑥注《同人·九三象》云:"案三互离巽,巽为草木,离为戈兵。"⑦《渐·六四象》云:"自三至五体有离坎。离为飞鸟而居坎水,鸿之象也。"⑧李氏在这里将内外卦也视为互卦,与郑玄互体完全相符。如郑注《旅·初六》云:"爻互体艮。"⑨旅内卦为艮,此视内卦为互体而成。注《既济·九五》云:"互体为坎,又互体为离,离为日,坎为月。"⑩九五处外卦坎之中,此视外卦为互体而成。这种互体之法是郑玄独到之处,李氏易学言爻体,是他主郑和崇郑的例证。

---

① [唐]李鼎祚:《周易集解》,载张文智:《〈周易集解〉导读》,齐鲁书社2005年版,第137页。
② [唐]李鼎祚:《周易集解》,载张文智:《〈周易集解〉导读》,齐鲁书社2005年版,第148页。
③ [唐]李鼎祚:《周易集解》,载张文智:《〈周易集解〉导读》,齐鲁书社2005年版,第160页。
④ [唐]李鼎祚:《周易集解》,载张文智:《〈周易集解〉导读》,齐鲁书社2005年版,第235页。
⑤ [唐]李鼎祚:《周易集解》,载张文智:《〈周易集解〉导读》,齐鲁书社2005年版,第148页。
⑥ [唐]李鼎祚:《周易集解》,载张文智:《〈周易集解〉导读》,齐鲁书社2005年版,第157页。
⑦ [唐]李鼎祚:《周易集解》,载张文智:《〈周易集解〉导读》,齐鲁书社2005年版,第160页。
⑧ [唐]李鼎祚:《周易集解》,载张文智:《〈周易集解〉导读》,齐鲁书社2005年版,第310页。
⑨《仪礼聘礼疏》,转引自惠栋:《郑氏周易》,载林忠军:《〈周易〉郑注导读》,华龄出版社2019年版,第221页。
⑩《坊记正义》,转引自惠栋:《郑氏周易》,载林忠军:《〈周易〉郑注导读》,华龄出版社2019年版,第223页。

(三) 升降与卦变

升降与卦变是荀爽、虞翻象数易学的重要内容之一。升降是指在一卦中阴阳两爻位置的上下移动互换。卦变是指由于一卦中两爻位置的变动引起一卦性质发生变化，从而使一卦变成另一卦。二者往往相互依存，爻之升降是手段，卦变是结果，李氏注《易》取象亦用升降与卦变。如注《恒·彖》云："案六四降初，初九升四，是刚上而柔下也。"①此是阐发蜀才"此本泰卦"之义。注《晋·彖》云："案九五降四，六四进五，是柔进而上行。"②是阐发蜀才"此本观卦"之义。注《损·彖》云："案《坤》之上六下处《乾》三，《乾》之九三上升《坤》六，损下益上者也。"③注《困·九二》云："坎为酒食，上为宗庙，今二阴升上，则酒食入庙，故困于酒食也。上九降二，故朱绂方来。"④此言升降，实亦卦变。即《困》来自《否》，《否》二上两爻升降即为《困》。以上几例是以升降卦变注《易》，升降卦变是一回事，但有时也有特殊情况，即言卦变不用升降。如注《无妄·彖》云："案刚自上降为主于初，故动而健，刚中而应也。"⑤此是阐发蜀才"此本遁卦"之义。李氏此处只言降而不言升，是卦变的一个特例。这种情况完全取决于《彖传》。《彖传》云："无妄，刚自外来而为主于内。"在注不破经的前提下，李氏也只能如此释之。

(四) 卦气取象法

在汉人众多易学理论中，还有一种学说不可忽视，它糅合了天文历法而产生，为两汉易学家所推崇，成为象数易学的重要理论支柱，这就是孟喜的卦气说。孟氏卦气说包括四正卦、十二消息和六日七分说这

---

① [唐]李鼎祚：《周易集解》，载张文智：《〈周易集解〉导读》，齐鲁书社2005年版，第227页。
② [唐]李鼎祚：《周易集解》，载张文智：《〈周易集解〉导读》，齐鲁书社2005年版，第236页。
③ [唐]李鼎祚：《周易集解》，载张文智：《〈周易集解〉导读》，齐鲁书社2005年版，第257页。
④ [唐]李鼎祚：《周易集解》，载张文智：《〈周易集解〉导读》，齐鲁书社2005年版，第283页。
⑤ [唐]李鼎祚：《周易集解》，载张文智：《〈周易集解〉导读》，齐鲁书社2005年版，第201页。

三个内容。六十四卦与一年十二个月和三百六十五日又四分之一相配,取坎、震、离、兑四卦与四季二十四节气相配为四正卦。取其他六十卦与十二个月相配,每月五卦,其中每月有一卦是主卦,十二个月十二个主卦,这就是十二消息卦(或十二辟卦)。取三百六十五日又四分之一与六十卦相配,每卦主六日七分,这就是六日七分说。从目前现有易学资料看,汉以后易学家多注重运用卦气说注《易》,很少人系统地论述它。唐代李氏恐此说失传,在《周易集解》中以案语形式,不惜用大篇幅来论述卦气说内容,并以此注辞。他注《复》"反复其道,七日来复"时云:

> 案《易轨》一岁十二月,三百六十五日四分日之一。以坎、震、离、兑四方正卦,卦别六爻,爻生一气。其余六十卦三百六十爻,爻主一日,当周天之数。余五日四分之一,以通闰余者也。剥卦阳气尽于九月之终,至十月末,纯坤用事。坤卦将尽,则复阳来,隔坤之一卦,六爻为六日,复来成震,一阳爻生为七日,故言"反复其道,七日来复",是其义也。天道玄邈,理绝希慕,先儒已论,虽各指于日月,后学寻讨,犹未测其端倪,今举约文,略陈梗概,以候来哲,如积薪者也。①

对于《复》"七日"的解说,历来有分歧。褚氏、庄氏认为,"七日"来自消息卦,自五月《姤》一阴生至十一月《复》一阳生,凡历七个月,"欲见阳长须速,故变'月'言'日',曰'七日'",唐侯果沿袭此说。虞翻视十二消息卦为乾坤消息,即乾坤互变,乾变坤自下而上依次变六爻,然后由坤变乾,先变坤初为复,经七爻而为七日,即"乾成坤,反出于震而来复……消乾六爻为六日,刚来反初,故'七日来复,天行也'"。郑玄则不同于此

---

① [唐]李鼎祚:《周易集解》,载张文智:《〈周易集解〉导读》,齐鲁书社2005年版,第197页。

说,郑氏认为:"建戌之月,以阳气既尽,建亥之月,纯阴用事,至建子之月,阳气始生,隔此纯阴一卦,卦主六日七分,举成数言之,而云七日来复。"①孔颖达则以褚氏、庄氏之说不符合王弼说而弃之,以《易纬》和郑说与王弼之说一致而取之。他在陈述《易纬·稽览图》六日七分说之后,以郑玄说释王弼注。他说:"剥卦阳气之尽在于九月之末,十月当纯坤用事,坤卦有六日七分,坤卦之尽则复卦阳来,是从剥尽至阳气来复,隔坤之一卦六日七分,举成数言之,故辅嗣言凡七日也。"②

由以上所引诸家易注,可以清楚地看到李氏关于卦气说及对"七日来复"的注释,与孔氏同一辙,皆援《易纬》和郑玄之说。虽然他们出发点不同,孔氏笺疏王弼玄义,李氏注释经文,但殊途同归,其目的皆在以同一个象数思想对这个争讼已久的问题做出总结。李氏还用消息之法,解决了易学史上留下的另一个难题。如他注《临·彖》云:"案十二月卦也。自建丑之月至建申之月。凡历八月则成否也。否则天地不变万物不通,是至于八月有凶,斯之谓也。"③此取十二消息卦《否》象。《临》为十二月(丑),《否》为七月,自《临》至《否》历经了八个月,故八月有凶,此注历来也有争议,虞翻以旁通说释之:《临》与《遁》旁通,遁为六月,于周为八月。郑玄以周改殷历释之。临本为十二月,周改二月,故自《临》到《遁》为八月。李氏此注取孔氏之说,《周易正义》注《临》云:"至于八月有凶者,以物盛必衰,阴长阳退。《临》为建丑之月,从建丑至于八月建申之时,三阴既盛,三阳方退,小人道长,君子道消。故八月有凶也。"④注《临·彖》云:"案此注云小人道长,君子道消,宜据《否》卦之时,故以《临卦》建丑而至《否卦》建申为八月也。"⑤此说揭示出王弼易注中所蕴含的象,在这一点上,与其他易学家相比,则似更胜一筹。李氏从象数易角度取孔氏

---

① [唐]孔颖达:《周易正义》,载刘玉建:《〈周易正义〉导读》,齐鲁书社2005年版,第87页。
② [唐]孔颖达:《周易正义》,载刘玉建:《〈周易正义〉导读》,齐鲁书社2005年版,第213页。
③ [唐]李鼎祚:《周易集解》,载张文智:《〈周易集解〉导读》,齐鲁书社2005年版,第180页。
④ [唐]孔颖达:《周易正义》,载刘玉建:《〈周易正义〉导读》,齐鲁书社2005年版,第197页。
⑤ [唐]孔颖达:《周易正义》,载刘玉建:《〈周易正义〉导读》,齐鲁书社2005年版,第197页。

之说对此问题做出总结,确立了此说在易学史上的地位。从此例可以说明两个问题:其一,李氏对孔氏专取王注疏义不满,但又没有全盘否定,对一些象数思想又予以肯定。其二,象数与义理是易学的两个方面,象数是本,义理是末,象数发为义理。也就是说二者之间没有不可逾越的鸿沟,其区别是相对的。

另外,李氏还使用了爻变取象法,此法被虞翻称为"之正",即爻之居位不正而变正,爻之居位正而变不正是其特例。如李注《解·上六》云:"案二变时体艮,艮为山,为宫阙,三在山半,高墉之象也。"①此谓《解》二爻以阳居阴位失位,故变之。变正二、三、四爻互体艮。又如注《未济·九四象》云:"案坎为志,震为行,四坎变震,故志行也。"②四坎变震,是指四爻居两阴爻之间为坎,又以阳居阴位,变正则二、三、四互体震。李氏有时用卦主说注《易》,如注《家人·象》云:"案二五相应,为卦之主,五阳在外,二阴在内,父母之谓也。"③还有时用爻位说注《易》以及其他取象的方法。可以这么说,汉人所使用的取象方法,李氏基本上一一采用,从这个意义上讲,李氏易学也是集汉人象学之大成。

三、 李氏对易学史的贡献

李鼎祚撰写的《周易集解》为象数易学乃至整个易学发展,做出了不可磨灭的贡献。具体地说,表现在以下几个方面:

其一,它具有极为重要的资料价值,受到后世学者高度评价。自王弼尽扫象数,至唐朝命孔颖达撰《周易正义》取王弼注而疏义,象数易学式微,由于其学问繁琐难解,且与功利无关,渐为学人疏远而不传,其书

---

① [唐]李鼎祚:《周易集解》,载张文智:《〈周易集解〉导读》,齐鲁书社2005年版,第256页。
② [唐]李鼎祚:《周易集解》,载张文智:《〈周易集解〉导读》,齐鲁书社2005年版,第348页。
③ [唐]李鼎祚:《周易集解》,载张文智:《〈周易集解〉导读》,齐鲁书社2005年版,第243页。

籍随之被弃，或由于长期缺乏管理而损坏或逸佚。由新旧《唐书》志著录易学书目看，两汉象数易学书目仅存十余册，大多已不著录。在这种情况下，李氏扶微起废，广集汉唐易书，尤其是尽取两汉象数易学，撰成《周易集解》。这为了解、研究两汉象数易学提供了宝贵的资料。后世两汉象数易学著作所存无几，研究象数易学主要依据李氏《集解》所集取的资料。对此历代易学家皆有评价。宋儒陈振孙曰：

隋唐以前易家诸书，逸不传者，赖此书犹见其一二。①

明儒朱睦㮮云：

自商瞿之后，注《易》者百家。而郑氏玄、王氏弼为最显。郑之学主象数，王之学主名理，汉晋以来，二氏学并立。……唐兴，孔颖达受诏撰定《五经正义》，于《易》独取王传，而郑学遂废，先代专门之业亦复不传。可胜叹哉！夫《易》有圣人之道四焉。世之言理义之学者，以其辞耳，象变与占其可阙乎？……康成去古未远，其所纂述必有所本。鼎祚恐其失坠，以广其说均之，为有裨于《易》者也。②

四库馆臣云：

盖王学既盛，汉易遂亡，千百年后学者，得考见画卦之本旨者，惟赖此书之存耳。是真可宝之古笈也。③

---

① [清]朱彝尊：《经义考新校》，林庆彰等主编，上海古籍出版社2010年版，第237页。
② [清]朱彝尊：《经义考新校》，林庆彰等主编，上海古籍出版社2010年版，第237页。
③ [清]永瑢等：《四库全书总目》卷一，中华书局2008年版，第4页。

清儒李道平云：

> 梓州李君鼎祚恐逸象就湮，乘其时古训未散，取子夏以下三十余家，成《集解》一书，表章汉学，俾古人象数之说，得以绵延，至今弗绝，则此编之力居多。①

其二，传承和补充汉代象数之学，承上启下，是易学发展的一个不可缺少的重要环节。由于此书保存了大量已失传的象数易资料，故它不仅是研究汉代象数易学必读之作，也是研究整个易学发展的重要典籍，宋儒图书之学、先天之学其中所蕴含的数象，皆与此书有关；而义理之学也多受启于此书，尤其以史注《易》之法多得之于李氏《集解》所存的干宝、侯果、崔憬等人的思想。明潘恭定曾将此书喻为河流，说明它在易学自产生到宋学形成中所处的地位。他说："羲、文、周、孔之《易》，辟则昆仑之源也。李氏之《集解》，辟则河之众流也。程朱之传义，辟则海之会归也。是故由《集解》而溯四圣人之微言，则其端倪可测矣。由《集解》而征程朱之著述，则脉络益明矣。"②清儒李道平对此也有评论，认为汉儒象数易学，"其说往往与羲、文之旨相契合。自时厥后，一变为晋易，而老庄之虚无，陈、李之图书，断不能远出汉儒象数之上"③。此言两汉象数易之地位，而作为保存两汉象数之著作——《集解》之作用则显而易见。《周易集解》的影响何止于宋代，清代以惠栋、张惠言、焦循为代表的易学大家，以恢复汉易为旗帜，梳理和阐发数易大义，创立了庞大的象数易学体系，皆以《集解》为据，可以说若没有李氏《周易集解》，也就没有清代的象数易学，这是一方面。另一方面，清代兴起整理古籍之风，其中易学资料的整理也主要是根据《周易集解》分门别类，从清人辑《易》书看，马国翰、孙

---

① [清]李道平：《周易集解纂疏》，中华书局2016年版，第2页。
② [清]朱彝尊：《经义考新校》，林庆彰等主编，上海古籍出版社2010年版，第240页。
③ [清]李道平：《周易集解纂疏》，中华书局2016年版，第2页。

堂、黄奭等所辑诸家易书，其取材主要是《周易集解》，在这个意义上，《周易集解》是清儒汉易复兴和重建的思想源头。不仅如此，《周易集解》对于18世纪韩国易学也有深刻影响。如韩国易学大家丁若镛所作《周易四笺》《易学绪论》对《周易集解》做出高度评价，并通过演习此书建立自己的象数体系。①

其三，《周易集解》除了集汉唐诸家易学外，还有李鼎祚《序言》与"案语"。从李氏《序言》和"案语"中可以看到，李氏的贡献不单是辑前人资料，更重要的是还有他自己的思想，而这些思想在易学史上也极有价值，主要表现在对易学发展源流做了阐述并就郑王两派做了客观的评价，如他指出："自卜商入室，亲授微言，传注百家，绵历千古，虽竟有穿凿，犹未测渊深，唯王、郑相沿，颇行于代。郑则多参天象，王乃全释人事。且《易》之为道，岂偏滞于天人者哉？致使后学之徒纷然淆乱，各修局见，莫辨源流。天象远而难寻，人事近而易习。则折杨黄华，嗑然而笑。方以类聚，其在兹乎。"②这些论述勾画易学发展大致轮廓，并就汉唐易学派别及其特点进行了评析，其旨在于扬郑黜王。这些思想虽然未必完全正确，但它对于研究易学发展有着重要的参考价值。

李氏的案语，是对先儒注释未尽之意的补充和阐发，或者是不同意前人注解而遵循汉儒方法另释之。从他象数思想内容看，没有超出汉人象数易学范围，也就是说他的每一个思想皆可以从汉人那里找到，很少有自己独创发明，从这一点看，李氏对象数易学没有发展。他的贡献不在于此，而在于他在唐朝专崇王学环境下，沿着侯果、崔憬等人开辟的重易象的新路，借助于汉人之说对诸家注解做了总结，通过总结完成了唐代易学由专崇王学玄理向义理象数兼重的转变，再次确立象数易学在易学史上的地位。这是值得肯定的。

---

① 详见林忠军：《论茶山对于汉代象数易学的反思与检讨》，《茶山学》2015年总第26卷。
② [唐]李鼎祚：《周易集解》，载张文智：《〈周易集解〉导读》，齐鲁书社2005年版，第84页。

应当看到,李鼎祚作《周易集解》所涉及的易学家,既有主象数的,也有主玄理的,只要是著名的易学家的易注皆收录,可以说是兼收并存,以做到取长补短、调和易学派别纷争。这从他对两派的评价中也可得到证明。他说:"郑则多参天象,王乃全释人事。且《易》之为道,岂偏滞于天人者哉?……天象远而难寻,人事近而易习。则折杨黄华,嗑然而笑。"①天象,指爻辰说。爻辰说是易学卦象与天文历法相结合的产物,故此言天象。"折杨黄华,嗑然而笑",取自《庄子·天地篇》"大声不入于里耳,折杨皇荂,则嗑然而笑"。折杨黄华,系指俗曲,"此以喻王弼俗学"②。李氏以郑参天象说明象数易学家注《易》偏于象数,以王弼释人事说明玄学家崇尚名理。二者各有一偏。这一点与孔颖达观点基本一致。孔氏在《周易正义》中既驳斥郑氏爻辰说"于理稍乖",又指责王学有华而不实之弊。故"去其华而取其实",其注疏重象兼理,有调和折中象数与义理之意图。由于政治的需要和受注疏形式的局限,《周易正义》不可能使其愿望得以实现。不同的是,李氏是主象数立场力图消除象数与玄理的隔阂,实现二者统一。他专崇以郑学为代表的象数易学,并不是要夸大象数易学的作用,全以象数治易,彻底废弃王学,让人们重新回到汉代,而是为了让象数易学不致失传。实际上,他也极为重视王学,他的案语多次引老庄思想阐发易理就是例证。

参考文献

1. 舒大刚:《试析宋代"古易五家"在恢复古〈周易〉上的重要成就》,

---

① [唐]李鼎祚:《周易集解》,载张文智:《〈周易集解〉导读》,齐鲁书社2005年版,第84页。
② [清]曹元弼:《周易集解补释》,上海人民出版社2019年版,第5页。

《宋代文化研究》第 8 辑,巴蜀书社 1999 年版。

2. 张文智:《〈周易集解〉导读》,齐鲁书社 2005 年版。

3. 刘玉建:《〈周易正义〉导读》,齐鲁书社 2005 年版。

4. 屈永刚:《〈周易〉经典权威的形成》,《儒藏论坛》第 7 辑,四川大学出版社 2014 年版。

5. 田君:《李鼎祚易学方法溯源之一:〈乾〉〈坤〉》,《巴蜀文献》第 4 辑,四川大学出版社 2017 年版。

6. 杜泽逊:《〈周易注疏〉校议》,《文史》2021 年第 1 期。

（责任编辑:霞绍晖）

王阳明《论语》诠释的"浙学"特色*

唐明贵

摘要: 王阳明在《论语》诠释过程中,从时代诉求出发,对朱子《论语集注》中的某些解说提出了质疑,削弱了朱注的权威地位,展现了"浙学"的批判精神。与此同时,他抱着兼容的心态,对朱学中的合理内容诸如"体用一源""存理灭欲"等思想予以借鉴和吸收,体现了"浙学"的兼容精神。他通过对《论语》的创造性诠释,从中生发出了"心即理""良知说"和"知行合一"等心学思想,拓展了儒家的内圣学,建构了独具特色的心学体系,体现了"浙学"的创新精神。阳明《论语》学无论是在明代学术思想史上还是在中国"论语学史"上都有其意义与贡献。

关键词: 王阳明 《论语》 诠释 浙学

所谓"浙学",从广义上而言是指"渊源于古越,兴盛于宋元明清而绵延于当代的浙江学术思想传统与人文精神传统",其基本精神主要是"民本、求实、批判、兼容、创新"。① 王阳明作为阳明心学的创始人,与后学一道成为明代"浙学"的主流。虽然阳明"没有专门的《论语》诠释著作,但

---

* 本文系国家社科基金重点项目"明代《论语》学研究"(16AZX010)的阶段性成果之一。唐明贵,聊城大学政治与公共管理学院教授、院长。主要从事《论语》等儒家经典研究。
① 吴光:《关于"浙学"研究若干问题的再思考》,《浙江社会科学》2014年第1期。

他在《传习录》及《文录》中对《论语》有许多阐释和发挥"①。这些阐释和发挥中体现了"浙学"的基本精神,具有鲜明的学术和地域特色。

一

王阳明《论语》诠释所体现的"浙学"的第一个特色是具有批判精神,这一点具体体现在他对朱熹《论语集注》的批驳上。

出于科考的需要,王阳明曾"遍读考亭之书,循序格物"②,但受连续科考失利和"格竹"失败的影响,使其对朱子之学产生了怀疑,不得不予以批驳:"平生于朱子之说如神明蓍龟,一旦与之背驰,心诚有所未忍,故不得已而为此。'知我者,谓我心忧;不知我者,谓我何求',盖不忍抵牾朱子者,其本心也;不得已而与之抵牾者,道固如是,不直则道不见也。"③他崇信朱学,从本心上不愿意与之相抵牾;但出于卫道的考虑,又不能不与之相左。这在《论语》诠释过程中也有体现。主要包括两个方面:

一是对《论语集注》中朱熹本人注释的批驳。如弟子陈桀(字国英)曾就《学而篇》"吾日三省吾身"向阳明提出了这样一个问题:"曾子三省虽切,恐是未闻一贯时工夫。"他在回答时便对朱注提出了批评,指出:"一贯是夫子见曾子未得用功之要,故告之,学者果能忠恕上用功,岂不是一贯!一如树之根本,贯如树之枝叶,未种根,何枝叶之可得?'体用一源',体未立,用安从生?谓'曾子于其用处,盖已随事精察而力行之,但未知其体之一',此恐未尽。"其中的"曾子于其用处,盖已随事精察而力行之,但未知其体之一"④出自《论语集注·里仁篇》"参乎,吾道一以贯之"的注解,文字完全相同。在阳明看来,朱注之错就在于割裂了体和

---

① 孙宝山:《王阳明的〈论语〉诠释》,《孔子研究》2014 年第 1 期。
② [清]黄宗羲:《明儒学案》,中华书局 1985 年版,第 181 页。
③ 吴光等主编:《王阳明全集》,上海古籍出版社 1992 年版,第 78 页。
④ [宋]朱熹:《四书章句集注》,中华书局 1983 年版,第 72 页。

用的关系。又,《颜渊篇》"克己复礼为仁"章,朱熹注曰:"仁者,本心之全德。克,胜也。己,谓身之私欲也。复,反也。礼者,天理之节文也。为仁者,所以全其心之德也。盖心之全德,莫非天理,而亦不能不坏于人欲。故为仁者必有以胜私欲而复于礼,则事皆天理,而本心之德复全于我矣。归,犹与也。又言一日克己复礼,则天下之人皆与其仁,极言其效之甚速而至大也。"①对于朱熹从效验之角度来谈论"一日克己复礼,天下归仁"的说法,阳明也提出了自己的看法,他在回答弟子对这一问题的提问时指出:"圣贤只是为己之学,重功夫不重效验。仁者以万物为体,不能一体,只是己私未忘。全得仁体,则天下皆归于吾。仁就是八荒皆在我闼意,天下皆与,其仁亦在其中。如在邦无怨,在家无怨,亦只是自家不怨,如'不怨天,不尤人'之意。然家邦无怨于我亦在其中,但所重不在此。"②圣人修养之关键在于重功夫而不重效验,因此,克己——去除个人的私欲与杂念,就与致良知搭挂了起来。

二是对《论语集注》中朱熹引用他人注释的批驳。如《八佾篇》"子入太庙,每事问"下,朱注引尹焞曰:"礼者,敬而已矣。虽知亦问,谨之至也,其为敬莫大于此。谓之不知礼者,岂足以知孔子哉?"③阳明认为尹氏之说有误,他说:"圣人无所不知,只是知个天理;无所不能,只是能个天理。圣人本体明白,故事事知个天理所在,便去尽个天理。不是本体明后,却于天下事物都便知得,便做得来也。天下事物,如名物度数、草木鸟兽之类,不胜其烦。圣人须是本体明了,亦何缘能尽知得?但不必知的,圣人自不消求知;其所当知的,圣人自能问人。如'子入太庙,每事问'之类,先儒谓'虽知亦问,敬谨之至',此说不可通。圣人于礼乐名物,不必尽知。然他知得一个天理,便自有许多节文度数出来。不知能问,

---

① [宋]朱熹:《四书章句集注》,中华书局1983年版,第131—132页。
② 吴光等主编:《王阳明全集》,上海古籍出版社1992年版,第110页。
③ [宋]朱熹:《四书章句集注》,中华书局1983年版,第65页。

亦即是天理节文所在。"①圣人掌握了天理,因此事事懂得天理所在,知道按此行事。但天下事物繁多,并非知晓天理便诸事皆知,不知便问,恰恰反映了"天理节文"之所在;而非明知故问,以显得敬谨。又,对于《阳货篇》"颜渊问为邦"章下,朱熹引程子解释中有"孔子斟酌先王之礼,立万世常行之道"②句,阳明认为此解释没有把孔子之意解释清楚,指出:"颜子具体圣人,其于为邦的大本大原都已完备。夫子平日知之已深,到此都不必言,只就制度文为上说。此等处亦不可忽略,须要是如此方尽善。又不可因自己本领是当了,便于防范上疏阔,须是要放郑声,远佞人。盖颜子是个克己向里、德上用心的人,孔子恐其外面末节或有疏略,故就他不足处帮补说。若在他人,须告以为政在人,取人以身,修身以道,修道以仁,达道九经及诚身许多工夫,方始做得,这个方是万世常行之道。不然,只去行了夏时,乘了殷辂,服了周冕,作了韶舞,天下便治得。后人但见颜子是孔门第一人,又问个'为邦',便把做天下事看了。"③颜渊作为孔门高弟,对治国之道的根本早已洞悉,所以孔子只就典章制度做了强调,后人遂以此为治国之本;这是存在重大隐患的,换作他人,还必须在内圣外王上下功夫。

　　当然,有时以上两方面也出现在同一章的注释中,如《学而篇》"学而时习之"章下,朱注解"学"曰:"学之为言效也。人性皆善,而觉有先后,后觉者必效先觉之所为,乃可以明善而复其初也。"解"时习"时引谢氏曰:"时习者,无时而不习。坐如尸,坐时习也;立如齐,立时习也。"④在阳明看来,这两个解释都是有问题的,其中"以'效'训'学'之说,凡字义之难通者,则以一字之相类而易晓者释之。若今学字之义,本自明白,不必

---

① 吴光等主编:《王阳明全集》,上海古籍出版社1992年版,第97页。
② [宋]朱熹:《四书章句集注》,中华书局1983年版,第164页。
③ 吴光等主编:《王阳明全集》,上海古籍出版社1992年版,第38页。
④ [宋]朱熹:《四书章句集注》,中华书局1983年版,第47页。

训释","效字终不若学字之混成耳"。① 他还进而从存天理去人欲的角度对"学"字进行了重新解读,指出:"学是学去人欲,存天理。从事于去人欲,存天理,则自正。诸先觉考诸古训,自下许多问辨思索存省克治工夫;然不过欲去此心之人欲,存吾心之天理耳。若曰效先觉之所为,则只说得学中一件事,亦似专求诸外了。"②学是学"存理去欲"之大事,以"效"训"学"只是解释了学的一方面内容,且有务外舍内之嫌。其中征引谢良佐"时习"之解也是不对的,阳明指出:"'时习'者,坐如尸,非专习坐也,坐时习此心也;立如齐,非专习立也,立时习此心也。"③认为坐和立,都非单纯的动作,而是在修习本心,有工夫论的意味在其中。

由上可见,王阳明对朱熹《论语集注》多有指摘,这些合乎时代特征的诠释、疏解和阐发,既是时代的要求,也是学术发展的必然。《论语》之所以能够在不同的时代焕发生机与活力,能够生生不已,日新又新,就得益于历代学者基于不同历史情境与治学进路的训释与解读。如果一味固守,而不去创新,不仅《论语》不会在社会上发挥作用,而且自身的流传恐怕也成问题。在此意义上,我们可以说,阳明对朱注的批驳是有价值的。

二

王阳明《论语》诠释所体现的"浙学"的第二个特色是具有兼容精神,这一点具体体现在其对程朱之学的继承上。

在阳明看来,自己的学说与程朱学说既有联系也有区别:"吾说与晦庵时有不同者,为入门下手处有毫厘千里之分,不得不辩。然吾之心与

---

① 吴光等主编:《王阳明全集》,上海古籍出版社1992年版,第214页。
② 吴光等主编:《王阳明全集》,上海古籍出版社1992年版,第31—32页。
③ 吴光等主编:《王阳明全集》,上海古籍出版社1992年版,第32页。

晦庵之心未尝异也。"①为此,他虽对朱注有所訾议,但实际上在许多方面仍继承与发展了程朱理学的许多观点。

一是王阳明吸收了程朱"体用一源"的思想。程颐较早从体用一源的视角探讨了理和象之间的关系,指出:"至微者理也,至著者象也。体用一源,显微无间。"②朱熹继承并发挥了这一思想,指出:"'体用一源'者,自理而观,则理为体,象为用,而理中有象,是一源也;'显微无间'者,自象而观,则象为显,理为微,而象中有理,是无间也。"③理中有象,象中有理,进一步明确了体用相涵的统一关系。王阳明在承袭上述二人思想的基础上,进一步明确指出:"即体而言用在体,即用而言体在用,是谓体用一源。"④他用这一思想解释了《子罕篇》中的"博我以文,约之以礼"句,提出了礼体文用的思想。在他看来,对于礼与理而言,理为体,礼为用:"夫礼也者,天理也。天命之性具于吾心,其浑然全体之中,而条理节目森然毕具,是故谓之天理。天理之条理谓之礼。"⑤天理为心之条理,礼是天理的具体显现。对于文与礼而言,礼为体,文为用:"是礼也,其发见于外,则有五常百行,酬酢变化,语默动静,升降周旋,隆杀厚薄之属;宣之于言而成章,措之于为而成行,书之于册而成训;炳然蔚然,其条理节目之繁,至于不可穷诘,是皆所谓文也。是文也者,礼之见于外者也;礼也者,文之存于中者也。文,显而可见之礼也;礼,微而难见之文也。是所谓体用一源,而显微无间者也。"⑥礼之发见于外且可言说者谓之文,其蕴含于内而不可言说者谓之礼,二者都是天以条理节文而显现的妙用。在此基础上,阳明从求学的角度,剖析了博文和约礼的关系,指出,约礼

---

① 吴光等主编:《王阳明全集》,上海古籍出版社1992年版,第27页。
② [宋]程颢、程颐:《二程集》,中华书局1981年版,第689页。
③ 朱杰人等编:《朱子全书》,上海古籍出版社、安徽教育出版社2002年版,第22册,第1841页。
④ 吴光等主编:《王阳明全集》,上海古籍出版社1992年版,第31页。
⑤ 吴光等主编:《王阳明全集》,上海古籍出版社1992年版,第266页。
⑥ 吴光等主编:《王阳明全集》,上海古籍出版社1992年版,第266页。

的功夫在于博文,而博文的目的在于约礼,约礼就是致良知。他说:"是故君子之学也,于酬酢变化、语默动静之间而求尽其条理节目焉,非他也,求尽吾心之天理焉耳矣;于升降周旋、隆杀厚薄之间而求尽其条理节目焉,非他也,求尽吾心之天理焉耳矣。求尽其条理节目焉者,博文也;求尽吾心之天理焉者,约礼也。文散于事而万殊者也,故曰博;礼根于心而一本者也,故曰约。博文而非约之以礼,则其文为虚文,而后世功利辞章之学矣;约礼而非博学于文,则其礼为虚礼,而佛老空寂之学矣。是故约礼必在于博文,而博文乃所以约礼。二之而分先后焉者,是圣学之不明,而功利异端之说乱之也。"①圣学不明的原因就在于将博文与约礼"二之",且在时间上分先后。实际上,如果博文而不约之以礼,则其文为虚文,如后世功利辞章之学;如果约礼而不博学于文,则其礼为虚礼,如佛老空寂之学。因此,二者是不可割裂的,是一体的,皆源于"吾心之天理"。如此一来,博文约礼就成了体用一源思想的具体展开。

二是承袭并发展了程朱的存理灭欲思想。程朱理学较为关注理欲之说,尤其是朱熹,在他看来,天理人欲都是天赋的,二者是对立的,"人之一心,天理存则人欲亡,人欲胜则天理灭",因此学者如能"革尽人欲,复尽天理",便能超凡成圣。②王阳明承接了"存理灭欲"的思想,据《年谱》记载,"(阳明)南畿论学,只教学者存天理,去人欲,为省察克治实功"③;"先生自南都以来,凡示学者,皆令存天理去人欲以为本"④。因此,在他看来,学者主要是学"去人欲,存天理",在诠释《学而篇》"学而时习之"章时,阳明指出:"学是学去人欲,存天理;从事于去人欲,存天理,则自正。……自下许多问辨思索存省克治工夫;然不过欲去此心之人欲,存吾心之天理耳。……人心本自说理义,如目本说色,耳本说声,

---

① 吴光等主编:《王阳明全集》,上海古籍出版社1992年版,第266—267页。
② [宋]黎靖德编:《朱子语类》,王星贤校点,中华书局1986年版,第225页。
③ 吴光等主编:《王阳明全集》,上海古籍出版社1992年版,第1237页。
④ 吴光等主编:《王阳明全集》,上海古籍出版社1992年版,第1279页。

惟为人欲所蔽所累,始有不说。今人欲日去,则理义日洽浃,安得不说?"①这就是说,学习的目的就是存理去欲,学习之乐就在于除去被人欲所蔽累的天理。不过,阳明所讲的天理与朱学是有所区别的,他所谓的"天理"指的是"良知"。在解读《卫灵公篇》"人无远虑"时,阳明指出:"远虑不是茫茫荡荡去思虑,只是要存这天理。天理在人心,亘古亘今,无有终始。天理即是良知,千思万虑,只是要致良知。良知愈思愈精明,若不精思,漫然随事应去,良知便粗了。"②天理就是良知,思天理就是致良知,如此一来,便凸显了阳明学自身的特色。

在如何存天理的问题上,王阳明重点强调了克己功夫。在他看来,"君子之学,为己之学也。为己故必克己,克己则无己。无己者,无我也"③。"克己须要扫除廓清,一毫不存方是。有一毫在,则众恶相引而来。"④在"克己"的内涵上,阳明也吸收了朱熹"克,胜也。己,谓身之私欲也"的解释,指出:"人若真实切己用功不已,则于此心天理之精微日见一日,私欲之细微亦日见一日。若不用克己工夫,终日只是说话而已,天理终不自见,私欲亦终不自见。如人走路一般,走得一段,方认得一段;走到歧路处,有疑便问,问了又走,方渐能到得欲到之处。今人于已知之天理不肯存,已知之人欲不肯去,且只管愁不能尽知,只管闲讲,何益之有?且待克得自己无私可克,方愁不能尽知,亦未迟在。"⑤天理和人欲不会自我显现和消失,因此不能空说,必须先克已知之私、存已知之天理,循序渐进,方得圆满。

由上可见,阳明学虽自立成派,但由于朱子四书学的官学地位和学术权威,因此,他在借助孔子和儒家经典建构自己的思想体系时,就不可

---

① 吴光等主编:《王阳明全集》,上海古籍出版社1992年版,第31—32页。
② 吴光等主编:《王阳明全集》,上海古籍出版社1992年版,第110页。
③ 吴光等主编:《王阳明全集》,上海古籍出版社1992年版,第272页。
④ 吴光等主编:《王阳明全集》,上海古籍出版社1992年版,第20页。
⑤ 吴光等主编:《王阳明全集》,上海古籍出版社1992年版,第20页。

避免地涉及程朱之学。在某种程度上可以说,正是在对以《四书章句集注》为核心的程朱理学的反思和借鉴中,阳明心学才得以建立。无怪乎唐君毅曾明言"阳明之学,归宗近陆象山,然实由朱子之学发展而出"①。

三

王阳明《论语》诠释所体现的"浙学"的第三个特色是具有创新精神,这一点具体体现在诠释时能够做到发前人所未发,从而建构了独具特色的心学体系。

在王阳明看来,世人常说的孔孟"圣人之学"即为"心学"。他说:"圣人之学,心学也。尧、舜、禹之相授受曰:'人心惟危,道心惟微,惟精惟一,允执厥中。'此心学之源也。中也者,道心之谓也;道心精一之谓仁,所谓中也。孔孟之学,惟务求仁,盖精一之传也。"②"人心惟危,道心惟微,惟精惟一,允执厥中"十六字是"心学之源",孔孟之学承袭了尧、舜、禹的"精一之传",其所传之学自然亦是心学。阳明进而讨论了"道心"和"人心"的问题,指出:"道心者,率性之谓,而未杂于人。无声无臭,至微而显,诚之源也。人心,则杂于人而危矣,伪之端矣。见孺子之入井而恻隐,率性之道也;从而内交于其父母焉,要誉于乡党焉,则人心矣。饥而食,渴而饮,率性之道也;从而极滋味之美焉,恣口腹之饕焉,则人心矣。惟一者,一于道心也。惟精者,虑道心之不一,而或二之以人心也。道无不中,一于道心而不息,是谓'允执厥中'矣。一于道心,则存之无不中,而发之无不和。是故率是道心而发之于父子也无不亲;发之于君臣也无不义;发之于夫妇、长幼、朋友也无不别,无不序,无不信;是谓中节之和,天下之达道也。放四海而皆准,亘古今而不穷;天下之人同此心,

---

① 唐君毅:《阳明学与朱子学》,载中华学术院编:《阳明学论文集》,华冈出版公司1977年版,第47页。
② 吴光等主编:《王阳明全集》,上海古籍出版社1992年版,第245页。

同此性,同此达道也。"①由于"道心"在维护传统社会和谐稳定方面发挥着重要的作用,所以"舜使契为司徒而教以人伦,教之以此达道也。当是之时,人皆君子而比屋可封,盖教者惟以是教,而学者惟以是为学也"②。此学的最大特点就是注重德行修养:"圣贤之学,心学也。道德以为之地,忠信以为之基,仁以为宅,义以为路,礼以为门,廉耻以为垣墙,《六经》以为户牖,《四书》以为阶梯。求之于心而无假于雕饰也,其功不亦简乎?措之于行而无所不该也,其用不亦大乎?三代之学皆此矣。"③这里,不仅揭示了心学的入门之径,而且将《四书》和《六经》也视为心学的载体。于是乎在《论语》诠释中,王阳明积极倡言心学。

一是倡言心即理。"心即理"之说肇始于陆九渊,也成为阳明学说的核心,这在《论语》诠释中多有呈现。在解读《述而篇》"我非生而知之者,好古,敏以求之者也"时,阳明明确指出:"'好古敏求'者,好古人之学而敏求此心之理耳。心即理也。学者,学此心也;求者,求此心也。孟子云:'学问之道无他,求其放心而已矣。'非若后世广记博诵古人之言词,以为好古,而汲汲然惟以求功名利达之具于其外者也。……'温故知新',朱子亦以温故属之尊德性矣。德性岂可以外求哉?"④德性只能内求,而不能外求。一方面,心就是理,学者所学、所求均是求此心、求此理。"理,一而已矣;心,一而已矣。故圣人无二教,而学者无二学。"⑤如"'时习'者,坐如尸,非专习坐也,坐时习此心也。'立如斋',非专习立也,立时习此心也"⑥。另一方面,德行内聚于心,心外无理,心外无物:"身之主宰便是心,心之所发便是意,意之本体便是知,意之所在便是物。如意在于事亲,即事亲便是一物;意在于事君,即事君便是一物。意在于

---

① 吴光等主编:《王阳明全集》,上海古籍出版社1992年版,第256—257页。
② 吴光等主编:《王阳明全集》,上海古籍出版社1992年版,第257页。
③ 吴光等主编:《王阳明全集》,上海古籍出版社1992年版,第900页。
④ 吴光等主编:《王阳明全集》,上海古籍出版社1992年版,第51页。
⑤ 吴光等主编:《王阳明全集》,上海古籍出版社1992年版,第266页。
⑥ 吴光等主编:《王阳明全集》,上海古籍出版社1992年版,第32页。

仁民爱物,即仁民爱物便是一物;意在于视听言动,即视听言动便是一物。所以某说无心外之理,无心外之物。"①将"心外无物"与"心外无理"同举并提,不仅否定了朱熹的外心而求理于事物之中或析心与理为二的思想,而且将修身的重点放在己心之上,为提出良知说埋下了伏笔。王阳明还进而指出,心是宇宙万物存在的根据,无论是孝亲、忠君,还是仁民爱物、视听言动,都源于心,都是心的外在表现形式。他说:"心之体,性也;性既理也。故有孝亲之心,即有孝之理,无孝亲之心,即无孝之理矣。有忠君之心,即有忠之理,无忠君之心,即无忠之理矣。理岂外于吾心邪?"②有鉴于此,他认为,要想恢复本心之纯,就必须时时刻刻在天理上用功,使自己的行为符合礼的规范和要求。在为弟子徐爱解释"以博文为约礼功夫"时,他指出:"礼字即是理字。理之发见,可见者谓之文;文之隐微,不可见者谓之理:只是一物。约礼只是要此心纯是一个天理。要此心纯是天理,须就理之发见处用功。如发见于事亲时,就在事亲上学存此天理;发见于事君时,就在事君上学存此天理;发见于处富贵贫贱时,就在处富贵贫贱上学存此天理;发见于处患难夷狄时,就在处患难夷狄上学存此天理;至于作止语默,无处不然,随他发见处,即就那上面学个存天理。这便是博学之于文,便是约礼的功夫。'博文'即是'惟精','约礼'即是'惟一'。"③这样一来,阳明便把心、理、礼搭挂了起来,不但在事亲、事君、处富贵贫贱、处患难夷狄、作止语默时要"学存此天理",甚至"无处不然",俾使己之行为合乎礼之要求,才能体认心体。

二是提倡良知说。"良知"之说源自《孟子·尽心上》"人之所不学而能者,其良能也;所不虑而知者,其良知也",主要指的是先验的是非标准和道德规范,经过王阳明的创造性改造,逐渐演变为融本体论、工夫

---

① 吴光等主编:《王阳明全集》,上海古籍出版社1992年版,第6页。
② 吴光等主编:《王阳明全集》,上海古籍出版社1992年版,第42页。
③ 吴光等主编:《王阳明全集》,上海古籍出版社1992年版,第6页。

论、道德论为一体的最高的哲学范畴。①

首先,"良知"是心之本体,是天理、天道。在王阳明看来,天理、心之本体、良知是等同的,他说:"夫心之本体,即天理也。天理之昭明灵觉,所谓良知也。"②"天理即是良知。"③直接把"良知"提到了本体的高度。他将良知视为唯一,认为良知之外,别无知:"良知不由见闻而有,而见闻莫非良知之用,故良知不滞于见闻,而亦不离于见闻。孔子云:'吾有知乎哉?无知也。'良知之外,别无知矣。故'致良知'是学问大头脑,是圣人教人第一义。今云专求之见闻之末,则是失却头脑,而已落在第二义矣。"④人们无须向外求知,只需向内反求诸心,向外扩充自己的良知即可,否定了求知的意义。同时,良知亦是天道,它生生日新,无一息之停:"天道之运,无一息之或停;吾心良知之运,亦无一息之或停。良知即天道,谓之'亦',则犹二之矣。知良知之运无一息之或停者,则知惜阴矣;知惜阴者,则知致其良知矣。'子在川上曰:逝者如斯夫!不舍昼夜。'此其所以学如不及,至于发愤忘食也。尧舜兢兢业业,成汤日新又新,文王纯亦不已,周公坐以待旦,惜阴之功,宁独大禹为然?"⑤强调了良知之运无一息之停。

其次,致良知是功夫。阳明学的工夫论,以致良知为核心。在他看来,致良知的功夫不可间断。在回答弟子"'逝者如斯',是说自家心性活泼泼地否"这一问题时,阳明指出:"然。须要时时用致良知的功夫,方才活泼泼地,方才与他川水一般。若须臾间断,便与天地不相似。此是学问极至处,圣人也只如此。"⑥这是说,良知原本在"我",但如果不时时坚

---

① 邱双成、巩万成:《王阳明"良知"思想探论》,《河北青年干部管理学院学报》2008年第1期。
② 吴光等主编:《王阳明全集》,上海古籍出版社1992年版,第190页。
③ 吴光等主编:《王阳明全集》,上海古籍出版社1992年版,第110页。
④ 吴光等主编:《王阳明全集》,上海古籍出版社1992年版,第71页。
⑤ 吴光等主编:《王阳明全集》,上海古籍出版社1992年版,第267—268页。
⑥ 吴光等主编:《王阳明全集》,上海古籍出版社1992年版,第103页。

守,也会离我而去。所以要"致良知",就必须"时时"坚持。究其原因,就在于"大抵学问功夫只要主意头脑是当,若主意头脑专以致良知为事,则凡多闻多见,莫非致良知之功。盖日用之间,见闻酬酢,虽千头万绪,莫非良知之发用流行,除却见闻酬酢,亦无良知可致矣。故只是一事"①。在致良知的途径问题上,王阳明指出,"戒慎恐惧"就是其中之一:"君子之戒慎恐惧,惟恐其昭明灵觉者或有所昏昧放逸,流于非僻邪妄而失其本体之正耳。戒慎恐惧之功无时或间,则天理常存,而其昭明灵觉之本体,无所亏蔽,无所牵扰,无所恐惧忧患,无所好乐忿懥,无所意必固我,无所歉馁愧怍。和融莹彻,充塞流行,动容周旋而中礼,从心所欲而不逾,斯乃所谓真洒落矣。"②常怀"戒慎恐惧"之心,则良知不会被遮蔽,人所作所为就会合乎礼的要求,从而达到"真洒落"的境界。

最后,良知是道德。在王阳明看来,良知是道德本体,这方面的论述较多,但涉及《论语》内容的较少。其中较为有代表性的是关于良知是义的论述。在回答弟子黄勉之"'无适也,无莫也,义之与比',事事要如此否"这一问题时,他指出:"固是事事要如此,须是识得个头脑乃可。义即是良知,晓得良知是个头脑,方无执著。且如受人馈送,也有今日当受的,他日不当受的;也有今日不当受的,他日当受的。你若执著了今日当受的,便一切受去;执着了今日不当受的,便一切不受去,便是'适''莫',便不是良知的本体,如何唤得做义?"③视良知为义,为做事的依据,孔子所说的"无适也,无莫也"就是以此来衡量的。

三是提倡知行合一。知行合一是王学的核心理论要素,在《论语》诠释中也多次提及。在王阳明看来,知行是分不开的,是合二为一的。他说:"知者行之始,行者知之成:圣学只一个工夫,知行不可分作两事。"④

---

① 吴光等主编:《王阳明全集》,上海古籍出版社1992年版,第71页。
② 吴光等主编:《王阳明全集》,上海古籍出版社1992年版,第190页。
③ 吴光等主编:《王阳明全集》,上海古籍出版社1992年版,第102页。
④ 吴光等主编:《王阳明全集》,上海古籍出版社1992年版,第13页。

"知之真切笃实处,即是行;行之明觉精察处,即是知,知行工夫本不可离。"①他还具体结合《为政篇》中的"学而不思则罔,思而不学则殆"章,详细论述了知行合一的功夫,指出:"凡谓之行者,只是着实去做这件事。若着实做学问思辩的工夫,则学问思辩亦便是行矣。学是学做这件事,问是问做这件事,思辩是思辩做这件事,则行亦便是学问思辩矣。若谓学问思辩之,然后去行,却如何悬空先去学问思辩得?行时又如何去得做学问思辩的事?行之明觉精察处,便是知;知之真切笃实处,便是行。若行而不能精察明觉,便是冥行,便是'学而不思则罔',所以必须说个知。知而不能真切笃实,便是妄想,便是'思而不学则殆',所以必须说个行。元来只是一个工夫。凡古人说知行,皆是就一个工夫上补偏救弊说,不似今人截然分作两件事做。"②这就是说,学、思原本皆是知行合一的,无论是"学而不思",还是"思而不学",都存在一定问题,前者需要知的指导,后者需要行的实践。之所以知行分言,究其原因就在于就一个功夫上补偏救弊。在阳明看来,知行分离主要是受私欲之影响。在回答"孔子言'知及之,仁不能守之',知行却是两个了"这一问题时,他说:"说及之已是行了,但不能常常行,已为私欲间断,便是仁不能守。"③要想知行合一,必须无私欲间断之心。

由上可见,通过对《论语》的创造性解读,王阳明为《论语》学的发展注入了新鲜的血液,使其释放出了"心即理""良知说"和"知行合一"等新理念,建构了心之"本体是良知""良知即天理"的"良知"本体论,从而超越了陆九渊"心即理"的"心"本体论,形成了新的"良知心学"体系,完成了经学诠释范式的转型和超越。

---

① 吴光等主编:《王阳明全集》,上海古籍出版社1992年版,第42页。
② 吴光等主编:《王阳明全集》,上海古籍出版社1992年版,第208页。
③ 吴光等主编:《王阳明全集》,上海古籍出版社1992年版,第121页。

四

王阳明在《论语》诠释过程中,从时代诉求出发,对朱子《论语集注》中的某些解说提出了疑问,其对朱注"有力的批评,为学者所认同,逐渐引起学者对经典理解的自主意识与自信,朱注逐渐失去学术上的权威优势"①。与此同时,他抱着兼容的心态,对朱学中的合理内容也予以了借鉴和吸收,并在此基础上,从《论语》中生发出了"心即理""良知说"和"知行合一"等心学思想,拓展了儒家的内圣学,建构了独具特色的心学体系。受此影响,"阳明的学说论述成为许多晚明《四书》学者讲论的依据与推崇、引述的哲理典范"②。阳明《论语》学"所带动的晚明学术的开放与创新,对活化儒家经典与儒学生命,实具有正面的意义与贡献"③。

参考文献

1. 唐君毅:《阳明学与朱子学》,载中华学术院编:《阳明学论文集》,华冈出版公司 1977 年版。

2. 吴光等主编:《王阳明全集》,上海古籍出版社 1992 年版。

3. 朱杰人等编:《朱子全书》,上海古籍出版社、安徽教育出版社 2002 年版。

4. 吴伯曜:《阳明心学对晚明四书学的影响》,《湖南大学学报》(社

---

① 吴伯曜:《王阳明四书学研究》,高雄师范大学国文学系博士论文,2007 年,第 205 页。
② 吴伯曜:《阳明心学对晚明四书学的影响》,《湖南大学学报》(社会科学版)2006 年第 2 期。
③ 吴伯曜:《王阳明四书学研究》,高雄师范大学国文学系博士论文,2007 年,第 205 页。

会科学版)2006年第2期。

5. 吴伯曜:《王阳明四书学研究》,高雄师范大学国文学系博士论文,2007年。

6. 邱双成、巩万成:《王阳明"良知"思想探论》,《河北青年干部管理学院学报》2008年第1期。

7. 吴光:《关于"浙学"研究若干问题的再思考》,《浙江社会科学》2014年第1期。

8. 孙宝山:《王阳明的〈论语〉诠释》,《孔子研究》2014年第1期。

9. 李佳喜:《个体之尊严与自觉——论王阳明的思想及其当代价值》,《儒藏论坛》第13辑,四川大学出版社2019年版。

10. 毕景媛:《王阳明〈论语〉诠释的心学立场及本体意蕴》,《东岳论丛》2022年第3期。

（责任编辑:杜春雷）

《永乐大典》存卷引"朱子语续录"考论

刘 尚*

摘要:《永乐大典》目前存世的卷帙中可见以"朱子语续录"或"晦庵语续录"为标题的引文有34处,其中包含91条朱熹语录。通过将引文与明成化本黎靖德编《朱子语类大全》中相应条目进行比对,可以确定这些语录的记录者。对照《朱子语类大全》所附《朱子语类姓氏》进行分析,还可证实《永乐大典》引文来自《饶录》《饶后录》这两种早已亡佚的朱熹语录汇编本。此二书皆为黎靖德编《朱子语类》的主要编纂底本,《永乐大典》所保存的佚文使我们得以一窥其原貌。不仅据《永乐大典》引文可以订正《朱子语类》现存版本之疏失,还可从细节上揭示黎靖德编《朱子语类》纂辑过程中对诸底本所做的取舍与删订。

关键词: 朱子语录 《永乐大典》 《饶录》 《饶后录》

朱熹的讲学语录是研究朱熹思想学术的第一手文献,历来受到学者的重视。朱熹生前其语录即有少量流传,但大规模的编纂活动还是在他去世之后,随着庆元党禁的解除而兴起。朱熹语录类文献种类丰富,既

---

* 刘尚,山东大学儒学高等研究院古典文献学专业博士研究生,主要从事版本目录学、《永乐大典》学研究。

有门人自记的单行本,也有汇辑诸家所记而成的汇编本。其体例既可以按记录者分人编排,也可以按内容主题分类编排。南宋末年黎靖德所编一百四十卷本《朱子语类》是朱熹语录类文献编纂的一个分水岭,该书属于集大成式的编本。在此之前,规模较大的语录汇编本可统称为"五录三类","五录"指:李道传编《晦庵先生语录》四十三卷,嘉定八年(1215)刊于池州,简称《池录》;李性传编《晦庵先生语续录》四十六卷,嘉熙二年(1238)刊于饶州,简称《饶录》;王佖编《晦翁先生朱文公语后录》二十卷,约嘉熙、淳祐年间刊于婺州,简称《婺录》;蔡杭编《晦庵先生朱文公语续录后集》二十六卷,淳祐九年(1249)刊于饶州,简称《饶后录》;吴坚《朱子语别录》二十卷,咸淳元年(1265)刊于建阳,简称《建别录》。"三类"指:黄士毅编《朱子语类》,又分《蜀类》一百三十七卷与《徽类》一百四十卷二种;①王佖编《朱子语续类》四十卷,宝祐二年(1254)刊于徽州紫阳书院,简称《徽续类》。除此之外还有数种朱熹语录的选本、简编本。② 黎靖德编《语类》是以"四录二类"为底本编纂而成的,"四录"即《池录》《饶录》《饶后录》《建别录》,"二类"即《徽类》《徽续类》。③ 因该书集众本而成,以至于"四录二类"被其取代而淡出了历史舞台。今可见者唯《池录》存宋刻残本七卷、明抄残本十一卷与朝鲜古写徽州本黄士毅编《朱子语类》一百四十卷④,其他各底本皆已亡佚。

---

① 黄士毅编《语类》于嘉定十三年(1220)初刻于眉州,有一百三十七卷,此本称为《蜀类》。淳祐十一年(1251)徽州紫阳书院翻刻了《蜀类》,此即《徽类》初刻本。魏克愚重校此本,增入补分条目,并于宝祐二年(1254)刊出,此即《徽类》魏克愚校正本。从内容看此三本皆属黄士毅编《语类》,《蜀类》《徽类》实际上是版本的区别。因《徽类》较《蜀类》有所增订,学界往往以两书视之,并将其与吴氏《徽续类》合称"三类"。
② 南宋时期的朱熹语类选本、简编本主要有叶士龙所编《晦庵先生语录类要》十八卷,乃自《文公遗书》中辑出部分语录而成;杨与立所编《朱子语略》二十卷,成书早于《饶录》《徽类》,是朱子讲学语录的删节改写本;另有佚名编《朱子语类大纲领》十卷,以《池录》为底本节取部分编成。以上三书今均有传本。
③ 有观点认为黎靖德同时使用了《蜀类》与《徽类》,笔者倾向于认为黎靖德并未见过《蜀类》,仅以《徽类》为底本。参见胡秀娟《朝鲜古写徽州本〈朱子语类〉研究》,华东师范大学出版社2013年版。
④ "朝鲜古写徽州本"是日本九州大学发布该版本时的命名,学界对此本的成书年代、抄写者身份、底本来源等问题存在较大争议,但此本属于《徽类》则是确凿的。

《永乐大典》作为我国历史上规模最大的类书,原书有 22 937 卷之巨,征引古书达数千种之多,可惜其主体部分已经散佚,目前存世仅 800 余卷。但幸运的是,存世卷帙中可见标题为"朱子语续录""晦庵语续录""晦庵续录""朱子续录"的引文共 34 处,含有朱熹语录 91 条,其中标题为"朱子语续录"的引文有 77 条,题"晦庵语续录"者 9 条,题"晦庵续录"者 4 条,题"朱子续录"者 1 条。① 既然引文标题皆含"续录"二字,其底本是否就是李性传之《饶录》呢? 还是来自不同的朱熹语录? 如果确为某种佚著,其文献学价值如何? 本文将对上述问题进行考证,敬请方家指教。

一、《永乐大典》存卷引"朱子语续录"底本辨析

首先假设《永乐大典》引文来自《饶录》,但《饶录》原书早佚,无法直接验证。好在黎靖德《语类》所附《朱子语类姓氏》列出了"四录"(《池录》《饶录》《饶后录》《建别录》)各自所包含的记录者(皆为朱子门人)名单,这样可以通过比较记录者以间接确定《永乐大典》引文的来源。但是《永乐大典》中的大部分引文并未于文末标注记录者,所以只能根据引文所对应的成化本《朱子语类大全》中相同语录的文末小注加以确认。② 经过比对,有 88 条语录见于成化本,其中多数条目亦见于朝鲜古写徽州本《朱子语类》(下文简称"徽本"),另有 3 条语录不见

---

① 《大典》对引书标题的题写往往存在一书多名的情况,尤其对于人称,有时题名,有时题字、号,欠缺统一,但在一卷之内只有一种标题。故此处"朱子语续录"与"晦庵语续录"应作等同看待,而"朱子续录"应为前者之简称,"晦庵续录"应为后者之简称。
② 黎靖德《朱子语类》存世之最早版本为明代成化九年江西藩司陈炜刻本,本文简称成化本。传统观点认为此本翻刻自南宋咸淳年间黎靖德原刻本,但目前学界主流观点认为此本乃陈炜据前代印本重刻,并非翻宋本。该本之书名题作《朱子语类大全》,必非黎书之原名,而是后人所改。另外,陈炜原刻本现已不存,存世者皆为陈炜刻本之明代翻刻本。关于成化本之详细研究参见郭明芳:《明成化九年(1473)江西藩司覆宋刊本〈朱子语类〉及其翻刻本考述》,《汉籍与汉学》总第 6 辑,山东人民出版社 2020 年版,第 155—165 页。

于成化本与徽本。先来看一下见于成化本的88条。

此88条语录中有80条标注了记录者,另外8条则没有标注(徽本未收或亦未标注)。笔者将80条语录按各自在《永乐大典》中的标题分为四组,统计每组语录所对应的记录者,继而根据成化本所附《朱子语类姓氏》确定每位记录者所归属的语录,并将结果绘制成下面的表格。

表1 朱子语录记录者名单列表

标题与记录者 所属语录	朱子语续录	晦庵语续录	晦庵续录	朱子续录
《饶录》	王过、吕焘、吴寿昌、黄㽦、郑可学、郑南升、陈淳、周谟、滕璘、黄升卿、游敬仲、程端蒙、童伯羽、吴必大	黄㽦	黄㽦	
《池录》《饶录》并收	黄义刚、董铢			
《饶后录》	刘炎、钟震、林子蒙、黄卓、吴振、杨方、吴雉、李辉、包扬	刘砥、林学履	包扬	林子蒙
《池录》	叶贺孙、郭友仁、沈僴			

从上表可知,《朱子语续录》含有28家语录,14家来自《饶录》,2家《池录》《饶录》皆收(从标题看必是出于《饶录》),9家来自《饶后录》,3家来自《池录》。"晦庵语续录"含3家语录,1家来自《饶录》,2家来自《饶后录》。"晦庵续录"含2家语录,1家来自《饶录》,1家来自《饶后录》。将三组汇总,去其重复,《永乐大典》引文共含有30家语录。① 由此可以得到两个主要结论:

第一,先前的假设并不准确,《永乐大典》所引"朱子(晦庵)语续录"的底本是《饶录》与《饶后录》两书。这一结论可以得到《文渊阁书目》的

---

① 既然在早期语录编本之间,诸家同记一条语录的情况很常见,那么是否存在《大典》所引语录另有记录者,从而不可据成化本之标注而推断的可能性? 这种可能性很低,因为黎靖德编纂《语类大全》是以《池录》《饶录》《饶后录》三录为主要底本,参照其他各本删重补缺,成化本卷前《考订》述之甚明,《朱子语类姓氏》也是根据这一原则编制的。所以若共记一条,则所标注者必据三录。若用他人所记更换三录原有语录,亦多有小注说明异同。

支持,该目卷四性理类著录有"《晦庵语续录》一部二十六册""《晦庵语续录》一部六册""《朱文公续录》一部十八册""《文公续语录》一部十四册""《文公语录续后集》一部四册"。《饶录》《饶后录》于《郡斋读书志》中分别著录作"《晦庵先生语续录》"与"《晦庵先生朱文公语续录后集》",两者相比较,则《文渊阁书目》所著录的前四种应指《饶录》,第五种则是《饶后录》。既然《文渊阁书目》是明初宫廷藏书的真实记录,且含有《饶录》《饶后录》,则《永乐大典》引用它们是完全可能的。

《永乐大典》引文有一处避讳也可作为旁证。《永乐大典》卷一三四九五中一条引文中之"元颜亮",成化本作"完颜亮"。钱大昕《十驾斋养新录》卷一三云:"契丹僧行均《龙龛手鉴》四卷,予所见影宋钞本……书中'完'字缺末一笔,知是南宋所钞。"①可见《永乐大典》引文应出于南宋刊本。

由此可见,《饶录》《饶后录》二书明初尚存于中秘,《内阁藏书目录》著录有"《晦庵先生朱文公语续录》二十六册",则万历年间仅剩《饶录》,《饶后录》已不存。据此推测,《饶录》的彻底亡佚亦不会晚于明末。

第二,《永乐大典》引文的标题与《饶录》《饶后录》并没有直接对应关系,一个标题既可以指《饶录》,也可以指《饶后录》。标题只在某处引文的起始处出现,后面往往连续引有多条语录,其中既有来自《饶录》者,也有来自《饶后录》者,引文的四个标题应该是等同的。据此推测,《永乐大典》编者为了方便,没有逐一题写书名,而是统称为"朱子(晦庵)语续录",有时简称为"朱子(晦庵)续录"。

关于《永乐大典》引文来源的判定,还有四点需单独讨论:

1. 题为"朱子语续录"的引文中含有叶贺孙、郭友仁、沈僩三家语录各一条,于文末有小字注明记录者。但是据《朱子语类姓氏》,此三家只

---

① 陈文和主编:《嘉定钱大昕全集》(增订本)第7册,凤凰出版社2016年版,第346页。

见于《池录》，不免令人费解。对此可以有两种解释：一是此三条实际引自《池录》，《永乐大典》编纂者误题作《朱文公续录》，《永乐大典》引文标题的讹误是较为常见的。① 《永乐大典》确实可见标题为"晦庵语录"者引文数条，《文渊阁书目》亦著录有"《晦庵语录》一部三十册"，当引自《池录》。二是它们可能来自《建别录》。《朱子语类姓氏》中只是注明了《建别录》增入而他录未收的记录者，其实《建别录》所含大部分门人皆见于其他三录，所以这两条可能引自《建别录》且被统题作《朱子语续录》。但《建别录》的流传本少于其他三录，《文渊阁书目》未见著录，《永乐大典》亦未见有此标题，故这种可能性很小。

2. 有六条语录成化本与徽本所注记录者有异，这六条语录标题为"晦庵语续录"，且是连续引用。其中三条徽本作"学蒙"，成化本作"学履"；二条徽本作"砥"，成化本作"砺"；一条徽本作"儞"，成化本作"砺"。林学蒙见于《饶录》，林学履见于《饶后录》，刘砥、刘砺皆见于《饶录》，沈儞见于《池录》。既然黎靖德是以"三录"为主要底本，所记相同情况下不会用他人所记置换本有条目，故对此六条可依成化本判定记录者。

3. 有八条语录成化本未标注记录者，对照徽本亦未见标注（或徽本未收）。《朱子语类姓氏》列出了《饶录》每卷所对应的门人姓名，其中卷二十、三十九、四十、四十一、四十二这五卷题作"不知何氏"，同样《建别录》卷十九、二十亦题作"不知何氏"，《饶后录》无"不知何氏"的卷目。既然《永乐大典》引用《建别录》的可能性很小，那么推测这八条语录应来自《饶录》"不知何氏"的五卷。

4. 关于不见于《朱子语类》的三条语录，分别是：

去圣既远，天下无师，学者必因书记语言，以知理义之精微，知

---

① 栾贵明先生主编的《〈永乐大典〉索引》对部分标题讹误进行了订正。笔者在此基础上对《永乐大典》引书标题进行清查，订正其讹误30处，详见拙文：《〈永乐大典〉存卷引书标题订误三十例》，《嘉兴学院学报》2022年第2期。

之固道也。不然,则为溺心志之大阱矣。①(《永乐大典》卷九二一第七页 A 面)

绍翁窃疑元祐诸公荐伊川先生者甚力,至谓其有经天纬地之才,尊主庇民之术,至是以通直郎判西京国子监。按:官制②,其实教授。制词何其寂寥简短若是!中书舍人王震所草,王非知伊川者。③(《永乐大典》卷八一六五第十七页 A 面)

绍翁又详,庆元丞相赵公汝愚去国,佗胄始颛政,欲以党去天下之正人,必诋以伪学。虽刘德秀从臾为是说,然"伪"之一字,已见于绍兴制词矣。先是,孔文仲、刘挚、顾临亦尝以伪诋先生云。(同上条)

先看第一条,黎靖德《语类大全序》恰好提到了此条语录,云:"然《饶录》最后三家,李公尝附致其疑。而其四十二卷元题《文说》者,以靖德考之,疑包公扬所录。盖公之子尚书恢,堂刻公所辑《文说》一编,视此卷虽略,而《饶后录》所刊包公录中,往往有此卷中语,是知此为公所录亡疑。独所载胡子《知言》一章谓书为溺心志之大阱者,最为疑忌后学,使不知者谓为先生语,是当削去亡疑,而李公不能察也。"④也就是说黎靖德认为《饶录》第四十二卷之《文说》乃包扬所录,其中误收了胡宏《知言》中的一段话,而李性传本人并未发觉此错误。"谓书为溺心志之大阱者"就是指这条语录,可见该语录引自《饶录》无疑。

后两条语录见于叶绍翁《四朝闻见录》中,所以它们亦属误收,但不知来自《饶录》还是《饶后录》。由此可见以上三条语录皆属误收,黎靖德编纂《语类大全》时应是做了甄别工作而将它们予以剔除。

---

① [明]解缙、姚广孝等编:《永乐大典》,中华书局 1986 年版,第 429 页。
② 按:"制",叶绍翁《四朝闻见录》作"职"。
③ [明]解缙、姚广孝等编:《永乐大典》,中华书局 1986 年版,第 3815 页。
④ [宋]黎靖德编:《朱子语类》,王星贤校点,中华书局 1986 年版,第 24—25 页。

二、《永乐大典》存卷引"朱子语续录"的文献学价值

(一) 辑佚价值

虽然《饶录》《饶后录》的内容基本被保留在黎靖德编《朱子语类大全》之中,且宋元朱子学派的纂疏体经解著作与部分类书也征引了较多的朱熹语录,但它们或经过删改,或难以考证出处,已不可据以辑佚。《永乐大典》中引文较被引之书,具有较高的忠实度,除去抄录时的讹脱与摘抄的情况,人为改动较少,这是《永乐大典》辑佚价值的重要保证。既然"朱子(晦庵)语续录"各条引文的出处已经明确,我们就可将这些语录按来源析出并"各归原主",按照《饶录》《饶后录》原有的结构体例,编成"辑佚本"。虽然两书佚文较原书而言,可谓"百不存一",但仍可以发挥"一斑窥豹"的作用。

(二) 据《永乐大典》引文可订正徽本、成化本《朱子语类》之疏失

因《饶录》《饶后录》皆是黎靖德编《朱子语类大全》的主要编纂底本,与《徽类》亦有部分重合,所以可通过《永乐大典》所引二录佚文与黄士毅编《朱子语类》朝鲜古写徽州本、黎靖德编《朱子语录大全》成化本互校,[1]以揭示《永乐大典》引文的版本学价值。部分异文,徽本、成化本皆误,而《永乐大典》所引正确,乃黎靖德舍正而就误;还有的是成化本与诸

---

[1] 古写徽州本依据[宋]黄士毅编:《朱子语类汇校》,徐时仪、杨艳汇校,上海古籍出版社2014年版。该书以日本九州大学藏黄士毅编《朱子语类》朝鲜古写徽州本为底本。成化本依据王星贤校点本《朱子语类》,该书以黎靖德《朱子语类》明成化陈炜刻本为底本。

底本皆异,应出于黎靖德臆改,下面举例说明。①

> 刘用之问:"《西铭》'理一而分殊',若大君、宗子、大臣、家相与夫民、物等,皆是'理一而分殊'否?"先生云:"如此看亦是,但未深,当截看。如《西铭》劈头来便是'理一而分殊',且乾称父,坤称母。虽以乾坤为父母,然与自家父母自有个亲疏,这便是'理一而分殊'。等而下之,以至为大君,为宗子,为大臣、家相,其理虽一,其分未尝不殊。民吾同胞,物吾党与,皆是如此。杨龟山正疑此一着,便以民吾同胞、物吾党与为近于墨氏之兼爱,不知他'同胞''吾与'里面自有个理一分殊。若如公所说恁地分别,恐胜得他也不多。这处若不分别,直是与墨子兼爱一般。"②(《永乐大典》卷八二六八第十五页 B 面)

此条记录者为黄卓,当为《饶后录》佚文。"然与自家父母自有个亲疏",徽本与成化本"然"后皆无"与"字,清光绪年间贺瑞麟校刻本黎靖德编《朱子语类》此处有校记,怀疑"然"下脱"与"字,③《永乐大典》引文果然有"以"字。"不知他'同胞''吾与'里面自有个理一分殊",徽本、成化本"吾与"作"同与","同"字应是涉上文"同胞"而误,《永乐大典》所引不误,永乐年间胡广所编《性理大全》引此语录正作"吾与"。此条语录未见于《性理大全》的编纂底本——元人黄瑞节《朱子成书》,可知应是《性理大全》所补入的,所据底本可能就是《饶后录》。

> 问:"伊川解'贲于丘园',指上九而言,看来似好。盖贲三阴

---

① 本文所引《永乐大典》之文,皆据存卷之原貌,除去个别明显字面讹误外,不做改动。《永乐大典》引文与存世版本间存在较多异文,若与本文讨论之内容无关,则不再出校。
② [明]解缙、姚广孝等编:《永乐大典》,中华书局 1986 年版,第 3840 页。
③ [宋]黎靖德编:《朱子语类》,王星贤校点,中华书局 1986 年版,第 2525 页。

皆受贲于阳，不应此爻独异，而作敦本务实说也。"先生曰："如何园丘便能贲人束帛戋戋？他解作剪裁之象，尤难曲说不去。"①（《永乐大典》卷一三八七六第六页 B 面）

此条记录者为学履，应是《饶后录》佚文。"不应此爻独异"，徽本、成化本皆作"不应此又独异"。从文意来看，"三阴"指六二、六四、六五三爻，此处提问六五何以与其他二阴爻相异，故应作"爻"，南宋朱鉴《朱文公易说》、元人董真卿《周易会通》正作"爻"，"此又独异"于意欠通。

伯丰问："程子曰'老子之言窃弄阖辟'者，何也？"曰："如'将欲取之，必姑与之'之类。是他亦窥得些道理，将来窃弄。如所谓代大匠斫则伤手者，谓如人之恶者，不必自去治他，自有别人与他理会，只是占便宜，不肯自犯手做。"鋆曰："此政推恶利已。"曰："固是。如子房为韩报秦，撺掇高祖入关，及项羽杀韩王成，又使高祖平项羽。两次报仇，皆不自做。后来定太子事，它亦自处闲地，又只教四老人出来定之。"②（《大典》卷三〇〇一第八页 A 面）

该条记录者为黄鋆，应出自《饶录》，徽本语录未见。"此政推恶利已"，成化本作"此正推恶离已"。可见两者差异一是"政"变为"正"，一是"利"变为"离"，前者属于将通假字改作本字，于文义没有影响。而后者则使得文义产生了变化，从上文"只是占便宜，不肯自犯手做"与下文"两次报仇，皆不自做"来看，作"利"为优，即借助别人而达到自己的目

---

① ［明］解缙、姚广孝等编：《永乐大典》，中华书局 1986 年版，第 5991 页。
② ［明］解缙、姚广孝等编：《永乐大典》，中华书局 1986 年版，第 1677 页。

的。成化本作"离",恐是出于黎靖德的臆改,亦不排除是《徽续类》作"离",黎靖德取之。

问:"'山下有火,贲,君子以明庶政,无敢折狱。'《本义》云'明庶政'是之小者,'无折狱'是之大者,此专是就象取义。伊川说此,则又就贲饰上说,不知二说可相备否?"先生曰:"明庶政是就离上说,无折狱是就艮上说。离明在内,艮止在外,则是事之小者可以用明。折狱是大事,一折便了,有止之义,明在内不能及他,故止而不敢折他。大凡就象中说则意味长,若悬空说道理,虽说得去,亦不甚亲切也。"①(《永乐大典》卷一三八七六第六页A面)

此条语录为刘砺所记,应出于《饶后录》。"《本义》云'明庶政'是之小者,'无折狱'是之大者,此专是就象取义"一句,徽本、成化本于"之小者""之大者"之前各有一"明"字。乍看起来,此处《永乐大典》引文当脱二"明"字,两《朱子语类》不脱,但实际并非如此。朱熹《周易本义》原文作:"'明庶政',事之小者,'无折狱',事之大者。内离明而外艮止,故取象如此。"②从下面的答语来看,朱熹的原意是小事用内卦离,取其明义,大事用外卦艮,取其止义,而不是"明"之大小。《本义》原文正与朱熹答语相合,后面"明在内不能及他,故止而不敢折他"③一句亦可证"明"只是说内卦,不是说全卦,所以两《朱子语类》作"明之大者""明之小者"是有问题的。《永乐大典》引文之二"是"字应是"事"之讹,但可能恰好反映了该条语录流传初期的原貌,黄士毅看到的应是作"是"的本子,他认

---

① [明]解缙、姚广孝等编:《永乐大典》,中华书局1986年版,第5991页。
② [宋]朱熹:《周易本义》,李一忻点校,九州出版社2003年版,第81—82页。
③ 按:"故止而不敢折他",徽本、成化本作"故止而不敢折也"。作"折也"更优,作"折他"亦通。

为是有脱字,臆添了两个"明"字进去,等于是以误改误,继而又被黎靖德所采用。与黎靖德同时代的董楷所撰《周易传义附录》引此条语录亦作"明之大""明之小",①董真卿《周易会通》亦同,皆循此误。

(三)《朱子语类》编纂者对底本的取舍与删订

从细节上揭示《朱子语类》编纂者对底本的取舍与删订,有助于我们更好地了解《朱子语类》的纂辑过程。

1.《朱子语类》编纂时对底本的取舍

《朱子语类》编纂过程中对于不同底本之间的相异处,各有择取,集诸本之所长,举例如下:

> 问:"人伦言朋友,而不及师,何也?"先生云:"师之义即朋友,而分别与君父等。朋友多而师少,以其多者言之。"又问:"服中乃不及师,何也?"先生云:"正是难处。若论其服,则当与君父等,故《礼》谓若丧父而无服。"又曰:"平居则经。"②(《永乐大典》卷九二一第二十六页B面)

此条语录成化本、徽本所注记录者为黄卓,则当引自《饶后录》。"师之义即朋友,而分别与君父等。"徽本作:"师之义即朋友,而分则与君父等。"成化本同徽本。成化本该语录下一条即:"李问人伦不及师。曰:'师与朋友同类,而势分等于君父,唯其所在而致死焉。'"可见此二条语录大义相近,是说师生关系与朋友关系同类,可以涵盖于朋友,但师在地位上则与君、父同尊,"分别与君父等"则于文义不通。成化本从徽本作"则",是。

---

① [宋]董楷:《周易传义附录》,文渊阁《四库全书》第1205册,台湾商务印书馆1986年版,第298页。
② [明]解缙、姚广孝等编:《永乐大典》,中华书局1986年版,第438页。

原之问:"伊川不答温公给事中事如何?"曰:"自是不容谓。如两人有公事,在官为守,今者来问自不当答,问者已是失。"曰:"此莫是避嫌否?"曰:"不然。本原已不是,与避嫌异。"①(《永乐大典》卷八一六五第十七页 A 面)

此条语录徽本、成化本所注记录者为郑可学,应引自《饶录》。"原之问",徽本作"厚之问",成化本同徽本。今人杨艳考证"厚之"指朱熹门人陈易,②《永乐大典》作"原之"误。"自是不容谓",徽本作"自是不容预",成化本同徽本。"伊川不答温公给事中事"见于《近思录》卷十,其文云:"君实尝问先生(指伊川先生)云:'欲除一人给事中,谁可为者?'先生曰:'初若泛论人才,却可。今既如此,颐虽有其人,何可言?'君实曰:'出于公口,入于光耳,又何害?'先生终不言。"③由此可见,《永乐大典》作"谓"于文义不通,应以徽本、成化本为是,"预"即干预之义。

2.《朱子语类》编纂时对底本的删订

具体来说包括对底本内容的删节,对讹脱的订正,对虚词、称呼的删改,同义词的置换等,从而导致其具有与二录、《徽类》皆不相同的版本异文。下面举例分类说明之。

(1)对底本内容的删节,问语的删节比较多见:

问:"'山下有火,贲,君子以明庶政,无敢折狱。'《本义》云'明庶政'是之小者,'无折狱'是之大者,此专是就象取义。伊川说此,则又就贲饰上说,不知二说可相备否?"④(《永乐大典》卷一三八七六第六页 A 面)

---

① [明]解缙、姚广孝等编:《永乐大典》,中华书局 1986 年版,第 3815 页。
② 杨艳:《〈朱子语类〉版本与语言问题考论》,广西人民出版社 2015 年版,第 87—88 页。
③ [宋]朱熹、吕祖谦编,[宋]叶采集解:《近思录》,严佐之导读,程水龙整理,上海古籍出版社 2010 年版,第 298 页。
④ [明]解缙、姚广孝等编:《永乐大典》,中华书局 1986 年版,第 5991 页。

"问:'山下有火,贲,君子以明庶政,无敢折狱。'《本义》云……"徽本引文同《永乐大典》,而成化本作"问:'"君子明庶政",《本义》云……'"

成化本对问语的删节使得行文更为简洁,且不影响文意,但是也有例外,如:

> 道之不行,由知者惟务求知而不去行;道之不明,惟贤者惟务力行而不求知。问:"知者过之,如何却说'不行'?贤者过之,如何却说'不明'?"先生云:"知者缘他见得过高,便不肯行,故云'不行'。贤者资质既好,便不去讲学,故云'不明'。智如老佛皆是,贤如一种天资好人皆是。"①(《永乐大典》卷五五二第六页 A 面)

此条语录成化本所注记录者为刘炎,应引自《饶后录》,徽本未见。"道之不行,由知者惟务求知而不去行;道之不明,惟贤者惟务力行而不求知。问:'知者过之,如何却说"不行"?贤者过之,如何却说"不明"?'"成化本作:"问:'知者如何却说"不行"?贤者如何却说"不明"?'"可见问语之前的两句话被黎靖德删去了,问语中的两个"过之"也被删去了。问语前的这两句应该是朱熹解说《中庸》经文的话,但与其后的问答在结构上具有承接的关系,但是在意思上似有重复之处,这可能是黎靖德删掉它们的原因。但是他将两个"过之"也删去了,在文意上就不及《饶后录》完整,因为门人的疑惑恰是缘于"过之"与"不行""不明"的矛盾。

成化本对问语之外内容的删节如下例:

> 陈无己、赵挺之、邢和叔皆国大夫婿。陈在馆职,当侍祠郊丘,

---

① [明]解缙、姚广孝等编:《永乐大典》,中华书局 1986 年版,第 119 页。

非重袭不能御寒气。无己止有其一,其内子为于挺之家假以衣之。无己诘所从来,内以实告。无己曰:"汝岂不知我不著渠家衣耶?"却之,既而遂以冻病而死。谢克家作其文集序,中有云:"箧无副袭。"又云:"此岂易衣食者?"盖指此事。文云:"后山差充郊坛上官,其妻以寒故不可无重绵,遂于其妇夫赵挺之家借一绵袄,归衣之。后山问何从得之,妻谓借赵家物。后山恶赵之为人,不衣,止衣一绵往,竟以寒得疾而终。"谢任伯作墓志所载不明,此岂可不白于后世也?①(《永乐大典》卷三一四五第六页 B 面)

成化本无"文云……"至结尾一段,其余基本同《永乐大典》引文,且于文末小字注曰:"必大。扬录云:'谢任伯作墓志所载不明,此岂可不白于后世也?'"②则《永乐大典》所引应是包扬所录,那么这条语录应出自《饶后录》。黎靖德删去这一段的原因应是与上文意有重复。

(2)对底本讹误的订正。

又曰:"谢安之与符坚,如近世陈鲁公之于元颜亮,幸而睚得他死耳。"③(《永乐大典》卷一三四九五第二十三页 B 面,语录较长,故本文仅引异文所在语句)

该条语录记录者为黄䌷,应引自《饶录》,徽本未见。"睚",成化本作"捱",作"捱"是。"捱"有"熬""慢慢等待"之义,陈鲁公指南宋抗金名臣陈康伯,完颜亮是金朝第四帝,多次南征,终被宋军所败,正隆六年(1161)因兵变被杀,陈康伯死于乾道元年(1165),所以说"捱得他死"。作"睚"不可解。

---

① [明]解缙、姚广孝等编:《永乐大典》,中华书局 1986 年版,第 1875 页。
② [宋]黎靖德编:《朱子语类》,王星贤校点,中华书局 1986 年版,第 3121 页。
③ [明]解缙、姚广孝等编:《永乐大典》,中华书局 1986 年版,第 5801 页。

《文中子》议论，多是中间暗了一段无分明。其间弟子问答，姓名多是唐辅相，恐亦不然，盖诸人更无一语及其师。人以为王通与长孙无忌不足，故诸人惧无忌而不敢言，亦无此理。如郑公岂是畏人者哉？"七制之主"，亦不知其何故以"七制"明之，此必因其《续书》中曾采七君事迹以为书，而名之曰"七制"。如二典体例，今无可考，大率多是依仿而作之。如以董常为颜子，则是以孔子自居。谓诸弟子"可谓辅相"之类，皆是撰成。要安排七制之君为他之尧舜，考其事迹，亦多不合。①（《永乐大典》卷六八三八第十八页 A 面）

此条来自《饶录》，结尾部分上文已引。"以《七制》明之"，徽本与《永乐大典》同，成化本作"以《七制》名之"。从文义看，作"名"是，《永乐大典》与徽本皆误。"谓诸弟子'可谓辅相'之类"，徽本与《永乐大典》同，成化本作"谓诸公可谓辅相之类"。此句话说的是《中说》卷五《问易篇》对韦孝宽、杨谙等人的评价，原文作："或问韦孝宽，子曰：'干矣。'或问杨谙，子曰：'辅矣。'"②之所以如此将"弟子"改为"公"，可能是因为黎靖德认为所评论的这些人皆前代人物，非王通弟子，所以作"公"误。其实底本无误，因为此处是动词"谓"后接宾语加引语的用法，宾语"诸弟子"是聆听的一方，"可谓相辅"是引文中子之言，黎靖德将"谓"后的部分当成了主谓结构的宾语，所以进行了改动。所以本条语录第一处改动是必要的，第二处可不改。

（3）对底本虚词、人称的删改与同义词置换。此类情况尤为常见，于文义无甚影响，举一例示之：

本朝孙明复、石守道辈，忽然出来发明一个平政底道理，自好。前代亦无此等人，如韩退之已自五分来，只是说文字了。若非后来

---

① ［明］解缙、姚广孝等编：《永乐大典》，中华书局1986年版，第2856页。
② ［隋］王通撰，杨沛译注：《中说译注》，上海古籍出版社2011年版，第142页。

关洛诸公出来，孙、石便是第一等人。孙较弱，石健甚，硬做。①
（《永乐大典》卷三〇〇一第八页A面）

成化本文未标注记录者，应引自《饶录》。徽本未见。"孙明复、石守道"，成化本作"孙、石"；"平政"，成化本作"平正"；"文字了"，成化本作"文章"。可见第一处是简化人称，第二处是通假字的改易，第三处是同义替换。

在多数情况下，一条语录内可见不同的删改方式，如下例所示：

《文中子》其间有见处，也即是老氏。又其间被人夹杂也，今也难分别。但不合得出来做人，有许多事全似孔子。孔子有荷蒉等人，它有许多人，但是装点出来。又其间论文史，却及时事世变，煞好，今世浙间英迈之士皆宗之。②（《永乐大典》卷六八三八第十七页B面）

此条语录为郑南升所记，故引自《饶录》。《大典》引文与徽本只有一处异文："但是装点出来"，徽本作"便是装点出来"，成化本与徽本同。此处黎靖德认为作"便是"正确，其实"但是"于当时口语中有"只不过是"的意思，于义亦通。除此之外，成化本较二底本做了六处改动："夹杂也"，成化本无"也"字；"又其间论文史"，成化本无"又"字；"却及时事世变"，成化本无"却"字；"不合得出来做人"，成化本删去了"得出来做人"五个字，与下句连读；"今世浙间英迈之士皆宗之"，成化本无"世"字。这五处皆是删去了不必要的词句，尤其是虚词，使得语句更为简洁，且于文意无影响。"它有许多人"，成化本"有"前有"也"字，这是添入虚词使文义通顺。

---

① [明]解缙、姚广孝等编:《永乐大典》，中华书局1986年版，第1677页。
② [明]解缙、姚广孝等编:《永乐大典》，中华书局1986年版，第2856页。

由上述几例亦可见《语类大全》对底本的删订、改动较《徽类》更多。这些异于二《录》、《徽类》的删改是黎靖德所自为,还是有其他底本的依据?既然引文出于《饶录》或《饶后录》,则不可能再现于《建别录》。至于《徽续类》,据成化本所附王佖《徽州刊朱子语续类后序》,该书是以《婺录》为蓝本编纂的,《婺录》则是补《池录》《饶录》之所遗,黎靖德《考订》亦云"《徽续类》尤多前类所已见者",所以存在依据该书修订语录的可能,尤其某些具有文义差别的改动。因《徽续类》早佚,故难以证实。至于语句的精简,虚字的增删,则当是黎靖德自为的。

参考文献

1. 胡秀娟:《朝鲜古写徽州本〈朱子语类〉研究》,华东师范大学出版社 2013 年版。

2. 尹波:《清洪嘉植辑本〈朱子年谱〉考略》,《儒藏论坛》第 7 辑,四川大学出版社 2014 年版。

3. 陈国代:《文献家朱熹:朱熹著述活动及其著作版本考察》,北京师范大学出版社 2015 年版。

4. 杨艳:《〈朱子语类〉版本与语言问题考论》,广西人民出版社 2015 年版。

5. 陈文和主编:《嘉定钱大昕全集》(增订本),凤凰出版社 2016 年版。

6. 郭明芳:《明成化九年(1473)江西藩司覆宋刊本〈朱子语类〉及其翻刻本考述》,《汉籍与汉学》总第 6 辑,山东人民出版社 2020 年版。

7. 刘尚:《南宋黄士毅〈朱子语类〉卷数问题新考》,《宋代文化研究》第 28 辑,线装书局 2022 年版。

(责任编辑:陈长文)

《永乐北藏》下赐浙江寺院研究

龙达瑞*

摘要：明朝廷下赐给浙江省若干套《永乐北藏》，其中存世的一套现藏浙江省图书馆。这套大藏经来自浙江金华地区兰溪市栖真禅寺，于1959年上交给浙江省图书馆。① 浙江省图书馆现存有6334册，栖真禅寺存有5册，兰溪市博物馆存有56册。明代兰溪人赵志皋曾在栖真禅寺读书，后来考取了探花，请陈太后赐给栖真禅寺《永乐北藏》一套。本文旨在研究明朝廷下赐《永乐北藏》给浙江寺院的情况；又因普林斯顿大学东亚图书馆存《碛砂藏》有赵志皋夫人捐资补抄《大般若波罗蜜多经》的题记，本文进而讨论赵志皋与佛教的关系。

关键词：《永乐北藏》 万历皇帝 栖真禅寺 赵志皋

一、《永乐北藏》介绍

明永乐十九年（1421），成祖（1360—1424）敕命在北京雕刻大藏经，

---

* 龙达瑞，美国洛杉矶西来大学宗教系教授，主要从事佛教研究。
① 地方寺院上交佛教大藏经的情况在20世纪50年代多有发生。例如四川崇庆县上古寺珍藏的《洪武南藏》就上交给了四川省图书馆妥善保存至今。

是为《永乐北藏》。《永乐北藏》竣工于明正统五年(1440),是一部现存完整的宫廷版藏经。全藏 636 函,依千字文编次从"天"字至"石"字,共 1621 部,6361 卷;后来在明万历十二年(1584)又续刻各宗著述 36 部,计 41 函,410 卷,并入该藏,共计 1657 部,678 函(加目录卷函),6771 卷。其版式与《永乐南藏》略有不同,由于是宫廷版,该藏加大了字体和版心,比其他版本的大藏经略大。其框高 27.7 厘米,比《碛砂藏》要高出 2 厘米,每版 25 行,5 个半页,每行 17 字,字行也采用宫格体(或称"馆阁体",类似赵体)。原刻经折装,天地疏朗,字体娟秀,装帧典雅,显示其宫廷豪华气概。《永乐北藏》由北京明朝内府负责刻印。

日本立正大学野沢佳美教授、加拿大不列颠哥伦比亚大学博士张德伟和台湾师范大学邓淑君女士分别撰文研究《永乐北藏》下赐的问题。2003 年野沢佳美发表了《明代北藏考下赐状况》。① 该文提供了一个载有明王朝将《永乐北藏》赐给 139 所寺院的表格。记载表明,正统十年(1445)至万历年间,浙江地区有 14 所寺院获得了《永乐北藏》。

张德伟的博士论文论及了明朝万历年间(1573—1620)朝廷下赐《永乐北藏》的情况。张先生的统计数字比野沢佳美的统计数字略多几所,但浙江地区的数字相同。②

张德伟在另一篇文章里提出了几个问题:朝廷下赐大藏经对中华帝国晚期佛教产生了深远的影响。为什么朝廷出面下赐藏经呢?朝廷是以什么标准选择寺院的呢?寺院是如何通过竞争获得朝廷赐给大藏经的呢?这些问题涉及大藏经流布的动因和制度。揭示朝廷和民间寺院

---

① Yoshimi, Nozawa 野沢佳美,"Mindai hokuzō kō 1:kashi jōkyō o chūshin ni"明代北藏考(一):下賜狀況を中心に,*Risshō daigaku bungakubu ronsō* 立正大學文學部論叢 117(2003),pp. 81-106.
② Zhang Dewei, *A Fragile Revival: Chinese Buddhism under the Political Shadow, 1522–1620*, Ph. D. dissertation, the University of British Columbia, 2010, pp. 268–271. https://open.library.ubc.ca/soa/cIRcle/collections/ubctheses/24/items/1.0071069.

的关系将有助于我们了解佛教与朝廷及当地社会的互动关系。①

台湾师范大学邓淑君女士的硕士论文在两位学者的基础上,发现从正统十年(1445)至天启四年(1624),有20所寺院获得了朝廷下赐的《永乐北藏》。② 她指出:"野沢氏的139笔资料中,有数则因为寺名不同因素所造成重复记录。因此笔者重新核查相关资料,删去5笔重复资料,增补野沢氏资料中所无的13笔记录。整理【表一】中的147笔《北藏》颁赐记录。"③这里需要指出的是:野沢佳美的表中有三个地名错误。一是【表一】第51"峨嵋山灵岩寺"记为"云南大理府峨眉山"。查《峨眉山志》卷四:

灵岩寺,在大峨山下。南进高桥,宝掌和尚结庐旧址。宝掌,周威烈王十二年生,至唐高宗显庆二年卒,寿一千七十一岁。其寺历代重兴。至宋绍兴五年,改护国光林寺。明成化元年,又改为会福寺。后天顺四年(1460),颁赐龙藏。④

第66页的"草庵寺"也记为"云南大理府峨眉山",峨眉山在四川。草庵寺是否受赐了《永乐北藏》,似乎不清楚。

---

① Zhang Dewei, "Where the Two Worlds Met: Spreading a Buddhist Canon in Wanli (1573—1620) China," in *Journal of Asiatic Society*, Volume 26, Issue 3, July 2016, pp. 487-508.
② 邓淑君:《明代官版佛教大藏经〈永乐北藏〉颁赐研究》,台湾师范大学硕士学位论文,2017年,第55—77页。
③ 邓淑君:《明代官版佛教大藏经〈永乐北藏〉颁赐研究》,台湾师范大学硕士学位论文,2017年,第54页。
④ Nozawa Yoshimi 野沢佳美:"Mindai hokuzō kō 1: kashi jōkyō o chūshin ni"明代北藏考(一):下賜狀況を中心に, *Risshō daigaku bungakubu ronsō* 立正大學文學部論叢 117(2003),第86页。《峨眉山志》卷四,载印光法师主编:《四大名山志》第三册,台北佛教出版社1978年版,第229、252页。邓淑君的论文第61、66、67和71页上"白化文"教授的名字打字错误,写成"白文化"。

二、《永乐北藏》下赐浙江的情况

明太祖的第四子朱棣(1402—1424年在位)在南京登基以后,很清楚自己篡夺了侄子建文帝的皇位。他一方面着手消除一切前朝建文帝(1399—1402年在位)的痕迹,另一方面要在世人面前表明他是明太祖朱元璋的孝子。在诸多方面,处处表现自己是合法接班人。例如,洪武五年(1372),明太祖召集天下名僧,点校佛经,是为《初刻南藏》(也称《洪武南藏》)。① 《洪武南藏》大概完成于建文三年(1401)。经版刻成后的第六年或第七年,一个出家人放火烧了报恩寺。存放在该寺的经版毁于火灾,时为永乐六年(1408)。② 次年,明成祖就准备重刻,召集名僧善启等校勘底本。至永乐十七年(1419)似已全部刻完。这部大藏经是在南京刻的,因此被称为《永乐南藏》。此时明成祖又计划在北京另行刊刻。这就是一般所称的《永乐北藏》。在《大明皇帝御制藏经赞》中,明成祖念念不忘皇考、皇妣生育之恩:

> 朕惟如来为一大事出现,演三藏十二部之玄言,所以指教垂义者尚矣。自其言流于中土,翻译其义以化导群类,非上根圆智之士

---

① 四川省图书馆特藏部存有一部《洪武南藏》,是存世的唯一一部纸本。笔者曾根据收集的资料,撰写"A Note on the Hongwu Nanzang, a Rare Edition of the Buddhist Canon",发表在普林斯顿大学的《东亚图书馆学刊》(*The East Asian Library Journal*, Volume IX, Number 1, Autumn 2000, pp. 112-147)。据《中国古籍善本书目》介绍,重庆北碚图书馆有《洪武南藏》。笔者曾于2005年去查过,根据北碚图书馆的题记,其藏品应该是《永乐南藏》。其目录照片与天津图书馆珍藏的《永乐南藏》的目录卷完全相同。
② 对《洪武南藏》经版是否全部损坏一事提出异议的有日本学者野沢佳美,Yoshimi Nozawa, Mingdai Daizōkyō shi no Kenkyū: Nanzō no rekishigaku teki kenkyū 明代大藏経史の研究——南藏の歴史学的基礎研究,Tokyo: Kyūko shoin, 1998;另见《明初的两部南藏——再论从〈洪武南藏〉到〈永乐南藏〉》,绥远译,载《藏外佛教文献》第二编,总第十辑,中国人民大学出版社2008年版,第443—459页。中国西北大学的学者何颖也表示怀疑初刻藏的经版是否全部被毁,见《有关〈永乐南藏〉论证的考辨》(《图书馆界》2015年第4期,第25—29页)。

鲜能以通之,而得其要者或寡矣。夫治心修身所以成道,心也者虚灵明妙,焕然洞彻,该贯万理而无所遗也。是故启多闻必由于藏海,原万法本归于一心。以是修证,超乎圆妙,常住不动,无有所蔽,此诚末世之津梁,迷途之明炬也。朕抚临大统,仰承鸿基。念皇考、皇妣生育之恩,垂绪之德,劬劳莫报。乃遣使往西土取藏经之文,刊梓印施,以资为荐扬之典。下畀①一切生灵,均沾无穷之福,如是功德有不可名言。若夫世之由迷惑真,交缠故业,茫然而莫之所归者,不究竟于斯,亦莫能得其体而返其真也。推是心以济拔流转,引援沉沦者亦如来慈悲之愿也。用是为赞以揭于卷首,且以翼流通于无穷焉,赞曰:如来演义谛,法音遍充周。世界恒河沙,一一皆具足。化导于群类,咸得成正观。有漏诸微尘,悉超于觉海。历阿僧祇劫,广开方便门。迷妄执空华,一切了明彻。有一弗彻者,誓不成佛陀。我今念众生,是故广演说。深心奉尘刹,俱愿证菩提。上报二重恩,下济诸途苦。并登无上觉,欲漏尽消除。成就胜妙心,以拯诸末劫。广此密因义,布施于竺干。频伽大梵音,至妙不思议。如十方击鼓,无碍于音声。有耳皆获闻,闻者即成觉。坚固无动转,永不堕轮回。世尊为证明,作如是赞叹。功德不可说,永被于生灵。

---

① "畀",音"bì",意为"赐"。"畀"字见《说文》卷五,丌部,相付与之,约在阁上也。从丌由声,必至切。此承加州大学洛杉矶分校吴琦幸教授来函告知,谨致谢意。CBETA 录为[田/卄],误也。某佛学网站不识此字,用问号代替。2000 年北京线装书局重印了《永乐北藏》,编辑大概没有认出"畀",用"界"字代替。《昭和法宝总目录》录为"卑",见卷三,第 1427 页。荷兰莱顿大学教授 Jonathan Silk 校为"卑",显然有误。然而 Jonathan Silk 教授将明成祖的《大明皇帝御制藏经赞》翻译为英文时却避免了这一错误。因为 Jonathan Silk 教授懂藏文,能用藏文对照翻译,其论文发表于 1996 年。Jonathan Silk, "Notes on the History of the Yongle Kanjur," *Suhrllekhah: Festgabe für Helmut Eimer* (Indica et Tibetica. 28), eds. Michael Hahn, Jens-Uwe Hartman und Roland Steiner. Swisttal-Odendorf 1996, pp. 173-178.

三、 朝廷下赐《永乐北藏》于浙江地区寺院考

近年来海外学者开始关注《永乐北藏》下赐的情况。野沢佳美列出了一个有 139 所寺院的表格。根据野沢佳美、张德伟和邓淑君的研究,下列浙江地区的寺院得到了朝廷赐给的《永乐北藏》:杭州昭庆寺(1440 年)、杭州上天竺讲寺(1440 年)、杭州净慈寺(1440 年)、绍兴山阴县融光寺(1447 年)、金华地区兰溪市栖真禅院(1591 年)、宁波市定海县普济禅寺(1586 年)、天台山万年寺(1586 年)、普陀山宝陀寺(1586 年)、天台县万年报恩光孝寺(1587 年)、嘉兴府秀水县楞严讲寺(1587 年)、普陀山法雨寺(1599 年)、天台山国清寺(1600 年)、杭州径山寺(1600 年)、杭州净慈寺(1600 年)、杭州昭庆寺(1605 年)、普陀山镇海寺(1611 年)、台州太平县显慈教寺(万历年间)、杭州府钱塘县佛慧寺、杭州云居圣水寺、普陀山海潮寺、海盐天宁寺。下面具体讨论《永乐北藏》从明英宗正统五年(1440)到明神宗万历(1573—1620)年间下赐浙江寺院的情况。

1. 杭州昭庆寺,1440 年。地方寺志记载如下:

> 正统元年,庆云铸大钟,建鼓楼,十年,敕赐《大藏经》。自洪武至是时,开坛说戒,昭庆於时复盛。成化元年,毁於火。

《赐藏经敕谕》云:

> 朕体皇曾祖考之志,刊印大藏经典,颁赐天下,用广流传。兹以一藏安供浙江杭州府戒坛律宗大昭庆寺,永充供养,听所在僧徒看诵赞扬。上为国家祝厘,下与民生祈福。务须敬奉守护,不许纵

容闲杂之人私观借玩、轻慢亵渎,致为损坏遗失。敢有违者,必究治之。①

到了万历三十三年(1605),明神宗又赐了一次。寺志有记:

万历三十三年,传如达於朝,上命汉经厂太监张然②赐大藏经全部、帑金千两,建阁供奉,敕名"万寿戒坛"(董其昌书额)。

敕云:谕杭州府护国万寿戒坛律宗大昭庆寺住持及僧众人等。朕发诚心印造佛大藏经,颁赐在京及天下名山寺院供奉。经首护敕已谕其由,尔住持及僧众人等,务要虔洁供安,朝夕礼诵,保安眇躬康泰,官壸肃清;忏已往愆尤,祈无疆福寿;民安国泰,天下升平。俾四海八方同归仁慈善教,朕成恭己无为之治道焉。今特差汉经厂表白御马监太监张然,赍请前去彼处安供,各宜仰体知悉。钦哉!故谕。(六百七十八函,一万五千四十八卷)③

2. 杭州上天竺讲寺。明英宗颁赐一部大藏经,共5048卷。《英宗睿皇帝钦赐杭州上天竺寺大藏经敕命》载:

皇帝圣旨:朕体天地保民之心,恭承皇曾祖考之志,印大藏真经,颁赐天下,用广流传。兹以一藏安置浙江杭州府上天竺讲寺,永充供养,听所在僧官僧徒看诵赞扬。上为国家祝厘,下与生民祈福,务须敬奉守护,不许纵容闲杂之人私借观玩,轻慢亵

---

① 《大昭庆律寺志》卷二,载白化文、张智主编:《中国佛寺志丛刊》第71册,广陵书社2006年版,第26页。
② 张然其人其事,见陈玉女:《二十四衙门宦官与北京佛寺》,台北如闻出版社2001年版,第109页。
③ 《大昭庆律寺志》卷二,载白化文、张智主编:《中国佛寺志丛刊》第71册,广陵书社2006年版,第51页。

渎,致有损坏遗失。敢有违者,必究治之。谕。正统十年二月十五日。①

3. 绍兴山阴县融光寺。据《明英宗实录》卷一五〇,工部侍郎王佑言刊造大藏经,朝廷颁赐天下。"臣原籍山阴县,柯桥禅寺乃臣家供奉火者。伏乞赐经俾寺僧朝夕奉诵,以祝圣寿成之。"②万历《绍兴府志》卷二十一"融光寺"条记载:"明正统十二年,诏从侍郎王佑言,赐经一藏,构重屋贮之,赐今额。"③明万历年间,寺又倾颓,太学生王应遴发起募修,筑御经楼,殿南跨池建高迁台,濒市河曰放生池,寺极宏敞,国子监祭酒陶望龄撰《重修融光寺碑记》。明清易代之际,融光寺又遭"兵燹",旋重修大殿、钟楼。乾隆五十三年(1788)又毁于火灾。此寺屡遭兵燹火灾,屡建屡毁。古刹融光寺最终完全消失。近年当地似有重修融光寺的计划。

4. 宁波市定海县普济禅寺。据《浙江通志》记载:"万历六年,僧真表创天王殿、云会堂。十四年(1586)建藏经殿,颁赐藏经。"④

5. 天台山万年寺,分别于万历十四年(1586)和万历二十八年(1600)两次得到朝廷下赐的《永乐北藏》。明神宗的敕令如下:

> 皇帝敕谕天台万年寺住持及僧众人等:朕惟佛氏之教具在经典,用以化导善类,觉悟群迷,於护国佑民,不为无助。兹者圣母慈圣宣文明肃皇太后,命工刊印,续入藏经四十一函,并旧刻藏经六百三十七函,通行颁布本寺。尔等务须庄严持诵,尊奉珍藏。不许诸色人等妄行亵玩,致有遗失损坏。特赐护持,以垂永久。钦哉,

---

① 《上天竺讲寺志》,载白化文、张智主编:《中国佛寺志丛刊》第 67 册,广陵书社 2006 年版,第 336—337 页。
② https://ctext.org/wiki.pl?if=gb&chapter=628962,2021 年 4 月 11 日下载。
③ [明]萧良干等修,张元忭等纂:《绍兴府志》,台北成文出版有限公司 1983 年版,第 1600 页。
④ 沈翼机:《浙江通志》卷二三〇,台北成文出版有限公司 1966 年版,第 3808—3809 页。

故谕。万历十四年九月四日。①

另一份明神宗敕令的语句略有不同：

> 敕谕天台山浙江台州府天台县国清寺住持及僧众人等：朕发诚心，印造佛大藏经，颁施在京及天下名山寺院供奉，经首护敕谕其由。尔住持及僧众人等，务要虔洁供安，朝夕礼诵，保安眇躬康泰，宫壶肃清；忏已往愆尤，祈无疆福寿；民安国泰，天下太平。俾四海八方同归仁慈善教，朕成恭己无为之治道焉。今特差汉经厂阇黎、御马监太监党礼②，赍请前去彼处供安，各宜仰体知悉。钦哉！故谕。万历二十八年三月十七日。③

明神宗不仅"赐一藏，饭僧内金千两，建藏阁内金四百两"，由僧性冲负责守护大藏经，并建造藏经阁。

6. 普陀山宝陀寺。万历二十七年（1599）赐藏一套。其敕令与赐给国清寺藏经的敕令相同。④

7. 天台县万年报恩光孝寺。万历十七年（1589），朝廷下赐一部大藏经。⑤ 该寺最早建于唐大和七年（833），会昌（841—846）中废。宋雍熙二年（985）改寿昌寺，奉敕造罗汉像516尊。建中靖国初（1101）毁于火，

---

① 传灯：《天台山方外志》，载白化文、张智主编：《中国佛寺志丛刊》第81册，广陵书社2006年版，第375页。
② 党礼是一名太监，其名在《大护国千佛寺遍融大师塔院碑记》中有记载，详见陈玉女：《二十四衙门宦官与北京佛寺》，台北如闻出版社2001年版，第109页。
③ 白化文、张智主编：《中国佛寺志丛刊》第81册，广陵书社2006年版，第375页。http://tripitaka.cbeta.org/GA089n0089_014.
④ 王亨彦：《普陀洛迦新志》，载白化文、张智主编：《中国佛寺志丛刊》第82册，广陵书社2006年版，第210页。
⑤ 沈翼机：《浙江通志》卷二三二，台北成文出版有限公司1966年版。万历十五年李太后赐藏经，知县毛鹤腾建藏经阁。

崇宁三年(1104)重建,绍兴九年(1139)改为报恩广孝、光孝,后复为万年寺。万年报恩光孝寺是天台山一座很大的寺庙。寺庙占地面积达三万平方米。房舍上千间,清乾隆、嘉庆年间,寺内一次有500名出家人受戒,盛况空前。寺院历经火灾,今仅存大雄宝殿、天王殿、金刚殿及后殿厢房等部分建筑40余间。万年寺在中日文化交流上具有重要地位。早在南宋乾道、淳熙年间(1165—1189),日僧千光荣西曾两次渡海来天台等名刹参学,拜禅宗大师虚庵怀敞为师,学成归国于建仁来开山,创日本临济宗"光华派",并将华顶山云雾茶籽携带回国,并传授茶叶栽培技术。荣西再传北子道元,于嘉定十六年(1223)入宋,历游天台、天童等处后归创日本曹洞宗,至今不衰。①

8. 嘉兴府秀水县楞严讲寺。下赐时间为万历十五年(1587)。明神宗下赐的敕令与下赐天台山的大藏经的敕令相同。据《光绪嘉兴府志》(一)记载:

> 十五年慈圣太后颁赐观音大士画像一轴、紫衣袈裟一领于住持能弘、傅光宅,并藏经四十一函,旧刻藏经六百三十七函。……明神宗母后敕建禅堂及天王殿,遣内臣赍赐藏经五千卷。有护藏御敕。②

9. 径山寺,"神宗显皇帝万历二十八年(1600)九月初三日钦差司礼监太监孙隆颁施大藏一部"。③ 明神宗敕令见《径山志》卷四,第357—358页。

10. 普陀山法雨寺。万历二十七年(1599),朝廷赐《永乐北藏》一套。此寺为普陀山第二大寺院。《普陀洛迦新志》记为"龙藏"。④

---

① https://ttnews.zjol.com.cn/ttxw/system/2007/12/14/010268942.shtml。
② 《光绪嘉兴府志》(一)卷一八,《中国地方志集成·浙江府县志辑》第12册,上海书店1993年版,第481页。
③ 宋奎光:《径山志》卷一一,杭州径山禅寺,2016年版,第983页。
④ 王亨彦:《普陀洛迦新志》,载白化文、张智主编:《中国佛寺志丛刊》第82册,广陵书社2006年版,第261页。

11. 万历二十八年,明神宗再次赐天台山国清寺一套《永乐北藏》。

12. 万历二十八年,明神宗下赐杭州净慈寺大藏经一套。敕令与皇帝下达给国清寺的敕令文字基本一致。

13. 普陀山镇海寺。万历三十九年(1611),"遣张随等赍赐帑金千两,祝厘饭僧。又遣党礼等赍赐镇海禅寺大藏经"。明神宗敕令与上面给国清寺的敕令词句相同。①

美国宾州费城天普大学的马德海(Marcus Bingenheimer)教授著有《观音岛》(Island of Guanyin)一书。其中记载了普陀山大藏经的情况。②

1710年:康熙帝赐普济寺宝印和大藏经。③

1713年1月:康熙六十大寿,性统和心明和赴京祝寿。康熙赐紫袍,五位侍从获红袍。2月,康熙赐众僧党参。朝廷下赐一套大藏经给一所寺院可以说是皇恩浩荡。万历皇帝及其母李太后下赐了100多套大藏经给各地寺院。下赐给普陀山和各处的大藏经,首先是作为崇拜之物,其次才是保存佛教的经文。原则上大藏经只提供给那些心地虔诚、希望认真学习佛经的僧人阅读。然而,中国佛教的寺院教育与藏传佛教的寺院教育大相径庭。藏传佛教里有才华的僧人才有机会系统地学习经文。不过,普陀山寺院的藏经楼得到了很好的维修。法国传教士古伯察(Évariste Régis Huc,1813—1860),曾于19世纪40年代访问过普陀山。他写道:

普陀山大寺,以前僧人众多,现在寺里遍地是老鼠,蜘蛛安静

---

① 王亨彦:《普陀洛迦新志》,载白化文、张智主编:《中国佛寺志丛刊》第82册,广陵书社2006年版,第214页。

② Marcus Bingenheimer, *Island of Guanyin*. New Haven and London: Yale University Press, 2016, pp. 123-124.

③ 作者按:康熙四十九年(1710)赐这套大藏经,应该是《永乐北藏》的重修本。重庆市图书馆珍藏的《永乐北藏》有题记,《永乐北藏》在康熙四十五年(1706)时重修过一次。王亨彦:《普陀洛迦新志》,载白化文、张智主编:《中国佛寺志丛刊》第82册,广陵书社2006年版,第224页。感谢亚利桑那大学吴疆教授在2019年5月17日杭州佛教学术会议上的提示。

地在倾圮的房间织网。保护得最好的地方是藏经楼。管事的僧人让我们参观。我们发现寺院比藏人的寺院差远了。不过藏经楼有大约八经,金黄色丝绸装潢,整齐地放在函套里,每函都有标签,函套都是按顺序放在藏经楼上。①

乙丑(顺治六年,1649)忠于明王朝的阮俊躲在舟山群岛,决定把一部明朝廷下赐给法雨寺的大藏经卖给日本人。这部大藏经是明万历皇帝的母亲李太后赠送的。

阮俊急于为复明军队筹集军费,派了两艘船载大藏经到长崎。这一举动并未成功。长崎的幕府不愿意支持复明分子,结果大藏经又运回到普陀山。②

《普陀洛迦新志》的记载不同:

> 清顺治初,海寇阮俊,与日本僧谋,欲将明赐藏经,载入日本。山僧照中率数百人,至舟山哀求不已。阮怒曰:汝等欲得此经,当向龙宫水府求之。遂装往。至海中,大鱼挡舟,不得动者数日。阮悔过亟返。不半日,舟达道头。僧众欢迎至藏殿。阮为讽经设供,安众而去。③

张遴白记载了他出使长崎的经过。其记载的文字不同。海盗的名字是阮进,不是阮俊。美国印第安纳大学司徒琳教授认为阮俊和阮进也许有亲戚关系。她引用了张遴白的记载:

---

① Évariste Régis Huc, *L'Empire Chinois*, two volumes, Paris: Gaume & Duprey, 1862 [1854], p. 232-233.
② 见 Marcus Bingenheimer, *Island of Guanyin*, New Haven and London: Yale University Press, 2016, p. 23.
③ 王亨彦:《普陀洛迦新志》,载白化文、张智主编:《中国佛寺志丛刊》第82册,广陵书社2006年版,第188页。

己丑冬，有僧湛微者回自日本，略知诗书，常游来荡胡伯阮进营；进叩以日本风土，并诘问向来乞师不允之故。湛微具言："彼中不受金帛；所最敬不可致者，惟本朝御藏经。若得此为礼，远胜万万矣。"进以倡议，欲请普陀镇海寺宪穆李太后所颁大藏，遣大臣赍往，遂致乞师之意。与定西侯张名振赞合疏上闻。鲁王初未允，曰："此亦祖宗法物，万一兵不可得，则竟之乌有矣；奈何！"进意必欲行，乃下其议；择一干力大臣为正使，而以其弟澄波将军阮美副之。众推大宗伯吴钟峦往，吴公老。复择之小卿中；佥议非予不可，加二品服，赐袍带。王亲赐宴遣之。

十一月初一日，出普陀；四日，长行，四顾苍茫，惟天青水黑，浑无涯济。行至初十日早，船人报云："已望有山形在云气中。"予私喜。抵暮，云山已近，但不知为何山。向闻有五岛者，与长崎仅差一日程；凡到此，便知去日本不远。时天既昏晦，所雇舟师——名火长者亦不识，惟竟夜下望东走。将五更，忽风大作；至晓，已不见山。巨浪从天而来。舟时或掀掷半空，或钻入波底，舟人皆伏匿不起；惟见三舵师以绳索系舵，努力夹舵而立。向午，风益猛，且密云雨阴凝结，不辨早暮。有管船官阮金者，招余出舱一望，但见两红鱼横黑浪中，若隐若现。旁黑白似鱼形者，但在云雾中；予时神气昏索，目力迷眩，不能详视。众见其鳞鬣皆动，群拜祝不已。少选，风渐缓，天亦将暮；众始庆曰："此际风不息，我属皆无生矣！"盖昏黑中，舟不能乘浪也。行至明晨，又复见山；唤火者问之，惊曰："此非长崎也！计大风飘击一昼夜，不知失涂几千里，必高丽界也。"忽转帆而南，然远望皆有山，可仿佛。至暮，方识岛门，始知所往；乃进长崎岛。十三日，泊船。阮美船亦到，问其风浪之威；彼曰："不甚恶。"乃知予船为藏经故也。时亦制"免朝"金牌二面于船，又南国界龙王敕书二道，于危迫时焚之，几不保。

彼国例:凡商贾到泊时,即差小船——名"班船"者来诘人货,复差一舟系于船尾以监护之。是日,予唤一通事上船,告以送经请兵之故;彼犹忻忻应之。复言及护经僧湛微,即骇然,具言此僧不宜复来之故;且云:"今官长,幸可相同;若在他舟,并害及同舟矣!"予知事不济;仍以敕书及经佛,引其入船视之。彼乃往与长琦王言之,又不欲受敕;欲迎予上岸,又以礼仪不辨,难以交换;且以湛微在船,不便安放。议三四日,不决。其通事七人,有习闽、习直浙,又有习知山东、北京者。一陈父子,皆富而修整;一姓高,一姓柯,又两姓林,皆非贫婆人也。其相见,无礼文;最恭敬,一盘膝低首而已。予时若藏敕,改官为商,则数万金可易。念朝廷御藏,非以易银;大事不成,不宜作此苟且:决计护经西归,遂于一十日开船。二十八日,复为大风飘至南田,收阮进营。进尚欲留经,予极力开谕。得复还普陀。①

马德海和司徒琳教授的研究,提供了明末清初普陀山《永乐北藏》的遭遇。这部大藏经既是幸运,冒着海浪旅行至日本,又安全地回到普陀山。四百多年过去了,不幸的是它也没有保存下来。20 世纪 20 年代,太虚法师在普陀山闭关读经时大概还有。②

---

① 这段资料见于美国印第安纳大学历史系教授司徒琳的著作。Struve Lynn, *Voices from the Ming-Qing Cataclysm: China in Tigers' Jaw*, New Haven: Yale University Press, 1993, pp. 116-121. 张遴白的记载,见《明季史料丛书》第七册,圣泽园,1944 年,第 34—38 页。感谢天津南开大学历史文化学院何孝荣教授,帮忙从上海来材料。西来大学图书馆 Ling-Ling Kuo、Judy Hsu 多方帮忙寻找资料,谨致谢忱。笔者这里抄录的是张麟白著的《浮海记》,见《台湾关系文献集零》。其词句与《明季史料丛书》的《难游录》最后的"附奉使日本纪略"有些不同,大意基本与司徒琳教授翻译的段落相同。两书的作者名也略有不同,《明季史料丛书》的《难游录》的作者名字是张遴白,而《台湾关系文献集零》的文献名为《浮海记》,作者的名字略有不同,"黑甜老人张麟白撰",文末记"查鲁诸臣,未有张麟白;闽至日本乞师一节,始知徐孚远所作——隐姓名以行于世者也"。https://www.zhonghuadiancang.com/lishizhuanji/taiwanguanxiwenxianjiling/57286.html,2021 年 4 月 29 日下载。
② 据《中国古籍总目录》记载,浙江地区只有一部《永乐北藏》存世。现存浙江省图书馆。见子部第 6 册,中华书局、上海古籍出版社 2010 年版,第 2953—2954 页。这部《永乐北藏》来自浙江金华地区的兰溪楼真禅院。兰溪市博物馆存五十多册,楼真寺存不到十册。

14. 台州府太平县显慈教寺。《浙江省太平县志》云：

  显慈教寺,在二都唐太和七年,僧常一建。旧名报国,俗名山后堂。明嘉靖七年僧禅元聚徒讲法,有神人来听。万历间赴阙请《大藏经》以归。至今每岁六月初一取晒一次。①

15. 杭州府钱塘县佛慧寺。此寺的《大藏经》情况见《武林梵志》。行文字句比较模糊,但应该是《永乐北藏》:

  佛慧寺在履泰一啚,晋天福七年,普觉明一禅师开山,有碧沙泉,今在山门左,为法华祖师道场,因名法华山。永乐间比丘源文达禅师重建,正德间毁。都督万鹿园为外护。圆杲祈园阐扬宗教,皈依云集。请《龙藏》永镇梵刹。建阁修葺,焕然一新。②

16. 海盐天宁寺。万历三十七年(1609),里人吕鸣治请大藏,19世纪中毁于太平天国。

四、浙江兰溪棲真禅寺与大学士赵志皋

棲真禅寺,距兰溪市约8公里。寺建于宋。《光绪兰溪县志》有记载:

  赵太史志皋(1524—1601)读书于此,与寺僧隐山契。万历八年(1580)为修观音阁。十九年皋入相。隐山谒皋,谓是固古刹舍

---

① 《浙江省太平县志》,台北成文出版有限公司1984年版,第480页。
② "请龙藏镇梵刹",应该是《永乐北藏》,而不是雍正、乾隆年间刻的《龙藏》。吴之鲸:《武林梵志》,载白化文、张智主编:《中国佛寺志丛刊》第57册,广陵书社2006年版,第244—245页。

赀,命重建。会陈太后①以大藏经部颁各名山。上疏乞领得大藏经六百余箧。近经匪扰尚存五百册。入寺建阁珍藏焉。②

野泽佳美先生将浙江兰溪栖真禅寺写成"栖霞寺",并将下赐时间定为正统年间,根据《光绪兰溪县志》和《永乐北藏》的牌记里的题记,应该是在万历十九年(1591),定在正统年间显然是有问题的。③

赵志皋系兰溪人,年轻时在栖真寺读书。《明史》有传:"赵志皋,字汝迈,兰溪人隆庆二年进士及第,授编修。万历初,进侍读。"④万历年间曾两次担任内阁首辅。

兰溪栖真寺大概在浙江不算大寺,若是论其历史及影响,还有其他寺院在其前面。栖真寺能获得一部朝廷下赐的大藏经,这当然是赵志皋的努力,可以说是走了后门。北藏经由陈太后御赐栖真寺隐山大师,珍藏于栖真寺藏经楼。此后栖真寺声名鹊起,成为江南著名佛地之一,朝拜的信众大增,寺院的名声和地位空前提高。江南地区潮湿,大藏经不免遭潮湿侵害和虫害。于是在当地每年阴历六月六日定期举行晒经会,这一天阳光强烈,利于祛除书的病虫害。寺院邀请当地信众居士前来参加晒经活动。他们先将藏经楼的大藏经取出来,放在阳光下,用紫外线消灭书的蛀虫。居士们也有一个机会翻阅经书,赶走损害书的害虫,同时目睹朝廷下赐的大藏经。晒经书也被看作是做功德。

普林斯顿大学东亚图书馆珍藏了一套完整的《碛砂藏》,共有1532种,6362卷,其中有宋本698册,元本1632册,明南藏本和天龙山本868

---

① 陈太后,"孝安皇后陈氏,通州人。嘉靖三十七年九月选为裕王继妃。隆庆元年册为皇后"。《明史》卷一一四,中华书局2011年版,第3534页。赵志皋奏请赐大藏经给栖真禅寺是万历十九年(1591)。
② 《光绪兰溪县志》卷三,寺观,见《中国地方志集成·浙江县志辑》第52册,江苏古籍出版社、上海书店、巴蜀书社1993年版,第674页。
③ 根据题记,应是万历十九年(1591)赵志皋为兰溪栖真禅院请到了一部大藏经。
④ 《明史》卷二一九,中华书局2011年版,第5774页。

册,余为明抄本2161册。① 胡适先生于1950—1952年在普林斯顿大学葛思德东方图书馆做馆长,调查了该馆收藏的珍贵善本。他特别注意到了赵志皋夫人沈氏捐银抄经的情况:

> 这里面的二千一百多本白纸钞补本都是依据《碛砂藏》原刻本精钞的,钞补丁年月在万历二十八年左右。这些钞补本地编号都和《碛砂藏经》的编号相符。其中有一百册是万历二十八年建极殿大学士赵志皋的夫人沈氏捐银钞补为她丈夫祈求病痊的。②

笔者于2009年6月在普林斯顿大学图书馆查阅了《碛砂藏》和《永乐北藏》,看到了赵志皋夫人沈氏捐资抄写的《大般若波罗蜜多经》,卷末有牌记:

> 信心弟子赵门沈氏舍银拾伍两写补大藏尊经十函专祈保佑夫主建极大学士赵志皋身康畲手足和调,幼男赵凤阁灾难蠲消,慧命延长,吉祥如意者。万历二十八年六月初六日完

胡适先生的文章是用英文写的,发表于1954年春的《普林斯顿大学图书馆年鉴》上。中文论文略去的部分比较多。下面是其中一段。由于没能找到原文,只能将其大致译成中文:

> 沈氏虔诚地舍银抄补《大藏经》。对于研究历史、宗教、书籍发展史的学生来说,她无疑是一个值得研究的对象。她相信,抄补佛

---

① 屈万里:《普林斯顿大学葛思德东方图书馆中文善本书志》,台北联经出版公司1984年版,第388—389页。
② 胡适:《记美国普林斯敦大学的葛思德东方书库藏的〈碛砂藏〉原本》,载张曼涛主编:《大藏经研究汇编》,台北大乘文化出版社1977年版,第286页。

经和传播佛经同样是做功德,同样,负责佛经经版也是做功德。这样的信仰使沈氏舍资请人抄写佛经。关心经济的历史学家从题记中了解到,1600 年时抄写十函的费用是 15 两银子。那么每抄写一册佛经,抄工能得到 0.15 两的收入,这差不多是抄工两天的工作。根据当时的历史资料,万历三十二年时一两银子的官价是 650 文铜钱,而市场价才值 450 文。抄写工拿到 70 文钱是两个整天的工作量。[1]

综上可以看出赵志皋如何信奉佛教。人们叫他赵阁老。从年轻到老年,他显然深受佛教的影响,尤其是到了老年。他的夫人沈氏也是虔诚的佛教徒。她捐资 15 两银子抄写佛经《大般若波罗蜜多经》,共 10 函,100 册。抄工的字非常工整。

五、结　语

大藏经的研究仅仅是开始。野沢佳美、张德伟和邓淑君三位学者筚路蓝缕,查阅了大量的寺志、地方志等资料,开辟了对《永乐北藏》下赐的地域研究。这项工作十分辛苦,而且不会结束——只要有新的《永乐北藏》发现,表格就要增加。

《永乐北藏》从刊刻起,迄今已经 580 多年了。经历社会动荡、兵燹、灾害,留存下来的已不多。要对存世的《永乐北藏》进行翻检调查,也远非易事。首先国内图书馆善本书的借阅就有各种困难,博物馆收藏有大藏经的单位一般不提供研究的服务,而寺院的藏经楼基本不对外开放。20 世纪中国各地图书馆、博物馆和大学图书馆整理古籍善本

---

[1] The Princeton University Library Chronicle, Vol. 15, No. 3（SPRING 1954）, published by: Princeton University Library, pp. 113 - 141. Stable URL: https://www.jstor.org/stable/26406952,2019 年 5 月 3 日,21∶21 UTC 下载。

时,寺院的图书整理尚未提到日程上来。因此在编目过程中,寺院藏书漏掉的现象较多。三位学者花了很大的气力整理《永乐北藏》下赐的工作值得赞扬。同时,由于有新的《永乐北藏》被发现,这项工作会持续下去。四年前,四川宜宾博物院发现了一套不全的《永乐北藏》,约1700册,正在修复之中。这套《永乐北藏》属于哪一家寺院,还需要进一步调查。鉴于朝廷赐给峨眉山的几部《永乐北藏》已毁,查明宜宾博物院的这部大藏经来自哪一寺院无疑能帮助我们了解地方寺院的社会地位与朝廷的关系。

近十二年来,笔者几乎每年都要走访寺院、图书馆、博物馆,翻检存世的《永乐北藏》。根据野沢佳美、张德伟和邓淑君三位学者收集的信息,大约147所寺院获得了《永乐北藏》。笔者估计大约160所寺院获得了藏经。2010年出版的《中国古籍总目录·子部》关于佛教大藏经的记录,尤其是《永乐北藏》的记录,显然是不完整的,笔者列出《中国古籍总目录·子部》第6册缺载的部分图书馆、博物馆和寺院:四川宜宾市博物院、辽宁省图书馆①、甘肃武威市博物馆、北京碧云寺②、甘肃平凉开城圆

---

① 普林斯顿大学东亚图书馆的《永乐北藏》与辽宁省图书馆的《永乐北藏》经考证应该出于同一寺院。两家图书馆的《永乐北藏》都有相同的题记,写题记的均为同一人万炜(1569—1644)。万炜娶万历皇帝的妹妹瑞安公主,成了驸马。题记的落款是"太子太傅,驸马万炜"。辽宁省图书馆的《永乐北藏》只有27册,有"敕赐护国慈隆寺"的红条。承蒙南开大学历史文化学院何孝荣教授帮忙查出"慈隆寺"在安定门附近,具体位置在旧地名"金台坊",离鼓楼不远。而普林斯顿大学的题记有"金台坊"的记录。两家图书馆的《永乐北藏》应当为一家。谢谢何教授帮忙解决了一个多年未能解决的问题,即普林斯顿大学东亚图书馆藏本的来历问题。大约在民国初期,慈隆寺就衰落了。出家人悄悄地把《永乐北藏》卖给了美国书商义理寿。义理寿大约在1926年前后将书运到了加拿大麦吉尔大学。由于麦吉尔大学没有人使用这些图书,而收集中国善本书的葛思德先生在20世纪二三十年代遇到了经济萧条的冲击,于是这些书由普林斯顿大学东亚图书馆收购。

② 武威市博物馆有一套不全的《永乐北藏》。明万历皇帝的敕令有李太后的玺印"慈圣宣文明肃皇太后印"。又盖有印章"太监张佑奏请钦赐与西山碧云寺藏经弟藏永远供奉"。感谢王斌、程希等朋友帮忙辨识印章。张佑的名字在陈玉女教授的著作《明朝二十四衙门宦官与北京佛寺》(台北如闻出版社2001年版,第232页)一书中有记载。笔者曾参访过北京香山碧云寺。据研究室主任高云昆先生介绍,他们也有数量不多的《永乐北藏》,有记载张佑奏请钦赐西山碧云寺大藏经的印章。那么武威市博物馆的6265册《永乐北藏》是怎么从北京碧云寺流落到甘肃武威的呢?在此之前,高先生并不知道他们寺的大藏经到了远在西北的武威市博物馆,看来还有做调查的必要。

光寺①、北京大学图书馆②,以及美国芝加哥大学东亚图书馆、美国普林斯顿大学东亚图书馆③、波兰亚盖隆大学图书馆、大英图书馆④。

《永乐北藏》下赐的研究远远没有结束。《永乐北藏》下赐浙江的研究工作已经由三位学者开始了。下一步可以做一个电子地图,让电子地图显示下赐的地点和时间。这项工作可以增进我们对大藏经发展史的系统了解,进一步开展佛教地方史的研究。这项工作一定是很有意义的。

《永乐北藏》没有下赐国外的记录。马德海和司徒琳教授的研究,提醒我们还有反清复明分子的故事。他们甚至不惜把大藏经出售给日本人,企图换来日本人的支持。幸运的是,大藏经又回到了普陀山。不幸的是,很多《永乐北藏》在过去的五百多年中毁于兵燹和灾害。

浙江地区有十多所寺院获得了朝廷下赐的《永乐北藏》。这无疑显示了这十多所寺院在浙江地区的地位和它们与朝廷的关系。朝廷往往是将大藏经赐给民众中最有影响的寺院。我们可以用电脑在地图上标出这些寺院,并列出下赐的时间,这样可以很清楚地看出各种微妙的关系。栖真禅寺通过兰溪人赵志皋的关系获赐,赵志皋成了建极殿大学士。他出面奏请陈太后赐一部《永乐北藏》给兰溪栖真禅寺。这极大地提高了栖真禅寺在当地的地位。1959 年,栖真禅寺的这部《永乐北藏》移交浙江省图书馆。兰溪博物馆保留了五十多册,栖真禅寺仅有少数三

---

① 谢继胜:《宁夏固原须弥山圆光寺及相关番僧考》,《普门学报》2003 年第 18 卷,第 1—29 页。http://enlight.lib.ntu.edu.tw/FULLTEXT/JR-MAG/mag203215.pdf,2019 年 4 月 29 日下载。
② 杨芬:《佛典重现 宝藏增辉——北京大学图书馆藏〈永乐北藏〉述略》,《大学图书馆学报》2016 年第 1 期,第 82—94 页。
③ 屈万里:《普林斯顿大学葛思德东方图书馆中文善本书志》,台北联经出版公司 1984 年版,第 389—390 页。
④ 大英博物馆出版的一本介绍大英博物馆明代珍品的书志,介绍其藏品《大方广华严经》,根据其"御牌"定为"北藏"。笔者于 2016—2018 年在亚盖隆大学翻检《永乐北藏》时就发现了若干册《华严经》是由福贤抄写的。多年前笔者还在中国的拍卖会上看到了记录,其抄写的日期是永乐十七年(1419)。此时《永乐北藏》还没有正式开刻。因此笔者认为这部《华严经》是一部单印本。见 Craig Clunas and Jessica Harrison-Hall, *The BP Exhibition: Ming: 50 years that changed China*, London: The British Museum Press, 2014, p. 217.

册。研究工作者需要进一步了解朝廷下赐的大藏经到了地方寺院以后的作用,对寺院僧人和地方民众的影响。南方佛教寺院每年阴历六月初六举行的晒经节日就是一个很好的例子。这样的研究无疑会激发我们的兴趣,去进一步了解佛教大藏经与社会和民众的互动关系。

参考文献

1. 邓淑君:《明代官版佛教大藏经〈永乐北藏〉颁赐研究》,台湾师范大学硕士学位论文,2017 年。
2. 胡适:《记美国普林斯敦大学的葛思德东方书库藏的〈碛砂藏〉原本》,载张曼涛主编:《大藏经研究汇编》,台北大乘文化出版社 1977 年版。
3. 谢继胜:《宁夏固原须弥山圆光寺及相关番僧考》,《普门学报》2003 年第 18 卷。
4. 朴钟茂:《论宋代海运对江南佛教文化的传播作用》,《宋代文化研究》2016 年总第 23 辑。
5. 杨芬:《佛典重现 宝藏增辉——北京大学图书馆藏〈永乐北藏〉述略》,《大学图书馆学报》2016 年第 1 期。
6. 黄锦君:《宋僧道璨〈无文印〉所涉无准禅师诗文考述》,《巴蜀文献》2017 年总第 4 辑。
7. Lynn A. Struve (ed.). *Voice from the Ming-Qing Cataclysm: China in Tigers' Jaw*, New Haven : Yale University Press, 1993.
8. Craig Clunas and Jessica Harrison-Hall, *The BP Exhibition: Ming: 50 years that changed China*, London:The British Museum Press, 2014.
9. Marcus Bingenheimer, *Island of Guanyin*, New Haven and London: Yale University Press, 2016.

(责任编辑:吴 华)

杜光庭《道德真经广圣义》评述

李远国　张作舟*

摘要：据史料所载,杜光庭先后三次入蜀,在蜀的时间长达57年。晚年隐居青城山白云溪,死后葬于清都观。他学问渊博,著述颇丰,著有《道德真经广圣义》。他继承以庄解老、以佛解老的传统,同时融入儒家的思想,以迎合封建王朝统治的需要。他不仅以"既有既无"来说明"道"的本源性,更强调作为本体的道虽然具有超越于一切事物的特征,但却是最真实、最终极的永恒存在,主张体用一源,归于妙本,修道即是修心炼性,以追求精神的超越。

关键词：杜光庭　以庄解老　以佛解老　体用一源　归于妙本

一、杜光庭的生平与事迹

杜光庭(859—933),字宾圣,号东瀛子,本处州人,或言长安人、缙云人、括苍人。宋人陶岳《五代史补》卷一和宋居白《幸蜀记》均记载杜光庭

---

* 李远国,四川省社会科学院研究员,主要从事道教研究;张作舟,四川传媒学院助理研究员。

为"长安人"。宋人陈耆卿《赤城志》认为杜光庭是"天台人,或曰括苍人"①。张唐英《蜀梼杌》称杜光庭京兆杜陵人,寓居处州,举不中,入天台为道士。僖宗召见赐紫衣,出入禁中。上表乞游成都,隐青城山白云溪,卒于蜀,年八十五,颜貌如生,众以为尸解,有文千余卷,皆本无为之旨。②

据史料所载,杜光庭先后三次入蜀,在蜀的时间长达57年。关于杜光庭入蜀时间,依据陶岳《五代史补》卷一记载,僖宗由蜀返回长安后,因"观蜀中道门牢落,思得名士以主张之",从而召见光庭,"遂令披戴,仍赐紫衣……即日驰驿遣之"。③中和元年(881),黄巢兵乱占领长安,僖宗被迫逃亡入蜀,中和五年(885),才得以驾返长安。由此推断,杜光庭入蜀时间为中和五年。但据杜光庭所著《青羊肆验》记载:"尹喜千日修行功成,入蜀寻觅青羊肆,得见老君,即其地也。荒凉既久,曾未兴修,教门虽具详知,亦无力收买,于是地属居人,但有千载古松,高十余丈,径三四尺,修竹荒台,岿然存矣……以其地卖与度支院官陈评事,乃丙申年春也。余诣陈,访其地已有此宫,因问其所以,陈为余道之。"④由此可见,丙申年(876)杜光庭亲至青羊宫访问陈评。说明杜光庭第一次入蜀的时间应在僖宗乾符二年(875)。

杜光庭第二次入蜀是在僖宗中和元年。据杜光庭《无上黄箓大斋后述》一文记载:"近属巨寇凌犯,大驾南巡……玉笈琅函,十无二三。余属兹艰会,漂寓成都。扈辟还京,淹留未几,再为搜访,备涉艰难,新旧经

---

① [宋]陈耆卿:《赤城志》卷三五,文渊阁《四库全书》第486册,台湾商务印书馆1983年版,第905页。
② [宋]张唐英:《蜀梼杌》卷上,文渊阁《四库全书》第464册,台湾商务印书馆1983年版,第229—230页。
③ [宋]陶岳:《五代史补》卷一,文渊阁《四库全书》第407册,台湾商务印书馆1983年版,第649页。
④ [唐末五代]杜光庭:《道教灵验记》卷二,《道藏》第10册,文物出版社、上海书店、天津古籍出版社1988年版,第806页。

诰,仅三千卷。"①文中所提"巨寇凌犯,大驾南巡"指的是黄巢军攻占长安,唐僖宗于中和元年(881)逃亡至蜀一事。

中和元年七月,僖宗驾至成都。杜光庭于此际入蜀,曾奉敕从事各种斋醮活动。杜光庭《僖宗青城斋醮验》载:"中和辛丑岁,僖宗驻跸成都,八月有大星流出虚危,犯清庙,历坟墓,哭泣之星。太史奏玄宗在蜀之年,星文谲见,与此无异,差道士于青城山修斋,果有祥异,请准故事,于青城山斋醮,以答天戒。"②杜光庭《僖宗封青城醮验》载:"僖宗皇帝中和元年辛丑七月十五日,诏内臣袁易简、刺史王滋、县令崔正规与余,诣山修醮,封五岳丈人希夷真君,是时县境亢旱,苗谷将焦,封醮之夜,龙吟于观侧,溪中风雨大至,枯苗载茂,县乃大丰。"③

中和四年(884)六月,黄巢败亡,杜光庭撰成《历代崇道记》,详细记录了黄巢失败前的各种灵异事件。光启元年(885)正月,僖宗驾回长安,杜光庭扈从还京。杜光庭《三泉黑水老君验》载:"时僖宗大驾还京,光庭获备护卫,以其年二月十五日降圣节日,奏请皇帝,躬拜捻香,奏置为中兴宫,增修圣迹。"④

回到京师,杜光庭继续搜访道经,并奏置玄元观。杜光庭《阆州石壁成文自然老君验》载:"光启年大驾还京,光庭奏置玄元观,宠诏褒允。至今郡中水旱祈祝,灵验益彰矣。"⑤但好景不长,是年冬,因王重荣、李克用用兵,进逼京城,僖宗再次出逃。此次杜光庭随僖宗至兴元,然后撇开僖宗,离兴元赴成都,此即其第三次入蜀。

---

① [清]董诰等辑:《全唐文》卷九四四,《续修四库全书》集部第1650册,上海古籍出版社2002年版,第61页。
② [唐末五代]杜光庭:《道教灵验记》卷一四,《道藏》第10册,文物出版社、上海书店、天津古籍出版社1988年版,第850页。
③ [唐末五代]杜光庭:《道教灵验记》卷一四,《道藏》第10册,文物出版社、上海书店、天津古籍出版社1988年版,第850页。
④ [唐末五代]杜光庭:《道教灵验记》卷六,《道藏》第10册,文物出版社、上海书店、天津古籍出版社1988年版,第821页。
⑤ [唐末五代]杜光庭:《道教灵验记》卷六,《道藏》第10册,文物出版社、上海书店、天津古籍出版社1988年版,第821页。

杜光庭第三次入蜀，曾居青城山白云溪。杜光庭《录异记》载："乾宁三年丙辰……督役者驰其二以白司徒，命使者入青城云溪山居，以示余。"①此与赵道一《历世真仙体道通鉴》卷四十所言"上表乞游成都，喜青城山白云溪气象盘礴，遂结茅居之"②说相合。杜光庭《洞天福地岳渎名山记序》载："聊记所营郡县及仙坛宫观，大数而已。天复辛酉八月四日癸未，华顶羽人杜光庭于成都玉局编录。"③杜光庭《道德真经广圣义序》："纂成《广圣义》三十卷。大明在上，而爆火不休；巨泽覆天，而灌浸不息，诚不知量，粗备阙文。天复元年龙集辛酉九月十六日甲子序。"④其《道德真经广圣义》正是完成于天复元年（901）。

综上所述，杜光庭一生曾三度入蜀。第一次入蜀是在876年春季至877年夏季之间，第二次入蜀是在881年，在蜀中滞留四年后，于885年返回长安，又于886年第三次入蜀，从此再没离开过蜀境。⑤

公元876年，时杜光庭27岁，至933年杜光庭逝世，整整57年的光阴，杜光庭定居四川，云游巴蜀，参访天师道二十四治，纂记异闻、游访圣迹，足迹甚至远到三蜀以外，留下了丰富的文化遗存。他在所到之处都会立碑题诗，宣扬道教历史文化。如《题仙居观》、《题鸿都观》、《题都庆观》、《题鹤鸣山》、《题北平沼》、《题平盖沼》⑥、《题本竹观》、《题福唐观二首》、《题莫公台》、《读书台》、《题剑门》、《题龙鹄山》、《景福中作》等。⑦《青城山

---

① ［唐末五代］杜光庭：《录异记》卷八，《道藏》第10册，文物出版社、上海书店、天津古籍出版社1988年版，第880页。
② ［元］赵道一：《历世真仙体道通鉴》卷四〇，《道藏》第5册，文物出版社、上海书店、天津古籍出版社1988年版，第330页。
③ ［唐末五代］杜光庭：《洞天福地岳渎名山记序》，《道藏》第10册，文物出版社、上海书店、天津古籍出版社1988年版，第25页。
④ ［清］董诰等辑：《全唐文》卷九二九，《续修四库全书》集部第1649册，上海古籍出版社2002年版，第584页。
⑤ 王瑛：《杜光庭入蜀时间小考》，《宗教学研究》1995年第6期。
⑥ 《题北平沼》《题平盖沼》诗，此处当为避讳唐高宗李治之"治"字。
⑦ 《全唐诗》卷八五四，文渊阁《四库全书》第1431册，台湾商务印书馆1983年版，第379—381页。

记》、《修青城山诸观功德记》①、《麻姑洞记》、《豆圌山记》、《天坛王屋山圣迹记》、《东西女学洞记》。② 其所著《录异记》《神仙感遇传》《历代崇道记》《道教灵验记》《墉城集仙录》记载了古代巴蜀历史与道教的大量传闻与遗迹,成为研究巴蜀文化的珍贵史料。

正是由于他辛勤劳作,参访了众多的道教圣地宫观,才能写出《洞天福地岳渎名山记》,系统地叙述了道教的洞天福地岳渎名山的情况,包括仙山、五岳、十大洞天、五岳镇海、三十六靖庐、三十六洞天、七十二福地、灵化二十四等,是一部简明而富有特色的古代道教地理学著作。杜光庭将古代巴蜀道教"灵化二十四"作为道教福地来加以介绍,赋予传道场所神圣性。

杜光庭在讲述"灵化二十四"时,详细记载了其治所的名称、所属的五行、节令、上应的星宿、地点以及仙迹传说,与前人的记载大致相同,并且也将由张道陵及其子孙担任"功都"的阳平化作为二十四化之首,但他并没有依照传统的说法将二十四化分为上八治、中八治、下八治"三品"。这表明杜光庭对前人有关"二十四化"的各种记载有自己的取舍和见解。从杜光庭的记载来看,"灵化二十四"主要分布在今成都平原及其周边依山傍水、林木郁葱的形胜之地。由此可见早期道教的活动区域大多有着丰富的物产、便利的交通和优美的地理环境。

在地上之"化"(治)与天上之"宿"如何对应上,杜光庭的说法也与传统道教的记载有所不同。《无上秘要》中说张道陵立二十四治,对应的是二十四节气,若再加上四个备治,则对应天上的二十八星宿。而《太上三五正一盟威箓》中则说,二十八治中有四个治各对应天上的两宿,即鹤鸣治应室、壁宿,昌利治应觜、参宿,云台治应角、亢宿,公慕治应心、尾

---

① [清]董诰等辑:《全唐文》卷九三二,《续修四库全书》集部第1649册,上海古籍出版社2002年版,第616—620页。
② [清]董诰等辑:《全唐文》卷九三四,《续修四库全书》集部第1649册,上海古籍出版社2002年版,第630—634页。

宿，其余的二十治则分别对应天上的一宿。但杜光庭则记鹤鸣化上应氐、房、心三宿，涌泉化上应室、壁二宿，云台化上应觜、参二宿，这样一来鹤鸣化、涌泉化、云台化这三个化，就上应了天上的七个宿，余下的二十一化自然就是一化应一宿了。杜光庭用星宿来对应道教的传教地，体现了道教的天人合一思想。

杜光庭将"灵化二十四"与五行及二十四节气相配时，具有独特性。例如他将二十四化与五行相配为六金、四木、六水、三火、五土时，其中除了"五土"与《三洞珠囊》的说法相同外，其余的都与道教文献中已有的记载不同。同时杜光庭也没有按照中国人的传统习惯将"立春"作为一年的开始，而是以"寒露"为首以配阳平化，顺序而下，最后以秋分配北邙化，这种冬始秋末的顺序，表达了人应效法天地变化，遵循自然规律来活动的思想。杜光庭的这些做法显然承袭了蜀学一以贯之的创新思想，这亦与他在巴蜀生活了50多年的经历紧密相关。

二、《道德真经广圣义》的史料价值

杜光庭《道德真经广圣义》的编撰应该是一个较为长期的过程，大量史料的收集整理从他在长安之际即开始。杜光庭《太上黄箓斋仪》云：

> 自三古已降，迄于巨唐。宝轴灵文，或隐或见。或出于史册，或著在别传。至宋朝简寂先生，校雠之际，述珠囊经目，万八千卷。其后江表干戈，秦中兵革。真经秘册，流散者多。后周武帝，立通玄观，收集众经，犹及万卷。洎隋火版荡，唐室龙兴。剪扫氛祲，底宁寰宇。至开元之岁，经诀方兴。玄宗著《琼纲经目》，凡七千三百卷。复有《玉纬别目》，记传疏论，相兼九千余卷。寻值二胡猾夏，正教凌迟。两京秘藏，多遇焚烧。上元年中，所收经箓六千余

卷。至大历年,申甫先生,海内搜扬,京师缮写,又及七千卷。长庆之后,咸通之间,两街所写,才五千三百卷。近属巨寇凌犯,大驾南巡。两都烟煤,六合榛棘。真宫道宇,所在凋零。玉笈琅函,十无三二。余属兹艰,会漂寓成都。扈跸还京,淹留未几。再为搜捃,备涉艰难。新旧经诰,仅三千卷,未获编次。又属省方,所得之经,寻亦亡坠。重游三蜀,更欲搜扬,累祖兵锋,未就前志。时大顺二年辛亥八月三日庚辰,成都玉局化,阅省科教,聊记云耳。①

从这段记载可以看到,杜光庭非常熟悉道教经籍的发展情况。从南朝陆修静开始,"校雠之际,述珠囊经目,万八千卷";至"后周武帝,立通玄观,收集众经,犹及万卷";至唐开元玄宗著《琼纲经目》,"凡七千三百卷";复有《玉纬别目》,"相兼九千余卷"。这一数量尚是相当大的。寻值二胡乱华,"两京秘藏,多遇焚烧"。上元年中,"所收经箓六千余卷"。至大历年,"海内搜扬,京师缮写,又及七千卷"。长庆之后,咸通之间,两街所写,"才五千三百卷"。如此详尽的说明,证明杜光庭确实通览了御府所藏道经,可谓是唐代精通道经的第一人。之后,杜光庭"漂寓成都","再为搜捃,备涉艰难。新旧经诰,仅三千卷"的史料,编成了《三洞藏》,才能够完成这部多达五十卷的巨著。完稿的时间为唐昭宗天复元年辛酉(901)九月十六日,距大顺二年辛亥(891)八月三日庚辰,已有十年的时间,可见其对《道德经》的执着与热爱。

据《道德真经广圣义序》记载,在这部传世的著作中,杜光庭收集整理了《道德经》诠疏笺注六十余家,宣称"此《道德经》自函关所授,累代尊行。哲后明君、鸿儒硕学"②。六十余家按照时间前后、人物身份而言,

---

① [唐末五代]杜光庭:《太上黄箓斋仪》卷五二,《道藏》第9册,文物出版社、上海书店、天津古籍出版社1988年版,第346页。
② [唐末五代]杜光庭:《道德真经广圣义》,《道藏》第14册,文物出版社、上海书店、天津古籍出版社1988年版,第309页。

可以分为三类：

一、道教类诠疏笺注：老君与尹喜解《节解》上下，尹喜《内解》上下，汉河上公《河上公章句》、严君平《指归》十四卷、张道陵注《想尔》二卷，梁陶弘景《注》四卷、松灵仙人《注》、臧玄静作《疏》四卷、孟安排作《经义》二卷、孟智周《注》五卷、窦略《注》四卷、陈诸糅作《玄览》六卷，隋刘进喜作《疏》六卷、李播《注》二卷，唐嵩山道士魏徵作《要义》五卷，法师宋文明作《义泉》五卷，胡超作《义疏》十卷，安丘作《指归》五卷，尹文操作《简要义》五卷，韦处玄《注兼义》四卷，王玄辩作《河上公释义》一十卷，尹愔作《新义》十五卷，徐邈《注》四卷，何思远作《指趣》二卷、《玄示》八卷，薛季昌作《金绳》一十卷、《事数》一卷，王袭《注》二卷、《玄珠》三卷、《口诀》二卷，赵坚作《讲疏》六卷，车弼作《疏》七卷，李荣《注》二卷，黎元兴作《注义》四卷，张惠超作《志玄疏》四卷，龚法师作《集解》四卷，任太玄《注》二卷，申甫作《疏》五卷，张君相作《集解》四卷，成玄英作《讲疏》六卷，符少明作《道谱策》二卷，玄宗皇帝注《道德》二卷、《讲疏》六卷，共计三十八家。

二、儒家类诠疏笺注：魏时王弼《注》，南阳何晏《注》，河南郭象《注》，颍川钟会《注》，隐士孙登《注》，晋羊祜《注》四卷，后魏卢裕《注》二卷，后魏刘仁会《注》二卷，南齐顾欢《注》四卷，晋楚恩《注》二卷，秦人杜弼《注》二卷，宋人张凭《注》四卷，梁武帝萧衍《注道德经》四卷，梁简文帝萧纲作《道德述义》十卷，清河张嗣《注》四卷，唐傅奕《注》二卷（并作《音义》），杨上善作《道德集注真言》二十卷，贾至作《述义》十一卷、《金钮》一卷，王光庭《契源注》二卷，王真作《论兵述义》二卷，共计二十家。

三、佛教类诠疏笺注：符坚时沙门罗什《注》，后赵时沙门图澄《注》，晋时沙门僧肇《注》，共计三家。

从先秦两汉至魏晋南北朝，时间跨度有1000余年，人物包括儒释道三教，共计 60 余家，这部著作真正做到了包容三教、海纳百川。尤其可贵的是，其中绝大部分的疏注本，如陶弘景《注》、松灵仙人《注》、臧玄静《疏》、孟安排《经义》、孟智周《注》、窦略《注》、诸糅《玄览》、刘进喜《疏》、李播《注》、魏徵《要义》、宋文明《义泉》、胡超《义疏》、安丘作《指归》、尹文操《简要义》、韦处玄《注兼义》、王玄辩《河上公释义》、尹愔《新义》、徐邈《注》、何思远《指趣》、何晏《注》、郭象《注》、钟会《注》、孙登《注》、羊祜《注》、卢裕《注》、刘仁会《注》、顾欢《注》、楚恩《注》、杜弼《注》、张凭《注》、萧衍《注道德经》、萧纲《道德述义》、张嗣《注》、傅奕《注》、杨上善《道德集注真言》、贾至《述义》、王光庭《契源注》、罗什《注》、图澄《注》、僧肇《注》今已失传，现代学者只能从这份著录中了解到《道德经》问世后到唐末的大致脉络，这是杜光庭对道教思想史的重大贡献。

需要指出的是，杜光庭依据注疏者的思想倾向将他们分为四类，他说："所释之理，诸家不同。或深了重玄，不滞空有。或溺推因果，偏执三生。或引合儒宗，或趣归空寂。莫不并探骊室，竞掇珠玑，俱陟钟山，争窥珪瓒，连城在握，照乘盈怀。""言理国，则严氏、河公、杨镳自得。述修身，则松灵、想尔逸轨难追。其间，梁武、简文、僧肇、罗什、臧、陶、顾、孟霞举于南朝，任、黎、二张星罗于西蜀。其余祖述，互有否臧，未尽发挥，孰窥堂奥。"①即一为"重玄"，二为"儒宗"，三为"理国"，四为"修身"。这是老子注释学上的第一次分类，亦为今天的《道德经》研究提供了基本的思路。

然而令人诧异的是，通览全书，只有御注御疏及杜光庭自注，其余所有的诠疏笺注皆不见踪影，反而题为唐玄宗御注并疏、河上公、严君平李荣注、成玄英疏、强思齐纂的《道德真经玄德纂疏》中却有着大量的佚文。

---

① [唐末五代]杜光庭：《道德真经广圣义》，《道藏》第 14 册，文物出版社、上海书店、天津古籍出版社 1988 年版，第 310 页。

其卷首载杜光庭《道德真经玄德纂疏序》称：

　　道本至无，能生妙有。运至无之道，成妙有之功，其惟太上老君玄元皇帝乎。起于象先，尊为化本，融神亿劫之始，分灵覆载之中，亭毒万殊，陶钧庶品。由是三皇受命，尚遵淳一之风。五帝握图，渐散无为之朴。老君虽历代降迹，随时应机，或为国师，或为宾友，授经传道，以教时君。洎唐虞禅让之初，世道交丧之际，举元凯于野，行四罪于朝，尚贤之迹既彰，瘅恶之形又举，内虽揖让，外有干戈，人心渐浇，道朴云散。老君号尹寿子，居于河阳，悯物性之迁讹，恐真宗之陵替，以为三皇大字，不足以程序后王。五帝常道，不可以垂训末俗。撮重玄奥义，著《道德》二篇。欲明道无为也，因德以显之。德有用也，因道以明之。资立言以畅无言，因理本而弘妙本，为理身理国之要，乃至精至极之宗，以授于舜。非谓绝仁义圣智，在乎抑浇诈聪明，将使君君臣臣、父父子子，见素抱朴，泯合于太和，体道复元，自臻于忠孝。世儒不知，以为老君之道，弃仁义，擿礼智，非立教之大方。且夫至仁合天地之德，至义合天地之宜，至乐合天地之和，至礼合天地之节，至智合天地之辨，至信合天地之时。弘淳一之源，成大同之化。混合至道，归仁寿之乡。固不在乎謘跂雍容，噢咻蹩躠，然后谓之仁义等也。故仲尼亚圣，皆默而得之。擿体黜聪，遗形去智，超乎物表，永为真人，非末学小儒之所知也。绵夏商周汉，越数千百年，焕乎与日月齐光，巍乎与乾坤并运。虽百家诠注，群彦校扬，挹之弥深，酌之不竭。行之于国，刑措而太平。修之于身，神全而久视。拊几挥柄，时有其人。弘农强思齐，字默越，濛阳人也。幼柄玄关，早探妙旨，卯岁侍先师京金仙观，讲论大德，赐紫全真，居葛仙中宫，燔颂之余，服勤不怠，绰有声称，为时所推。僖宗皇帝顺动六飞，驻跸三蜀，五月应天节，默起祝寿行殿，宠赐紫衣。高祖神武皇帝应历开图，配天立极，二月寿春节，允承明命，赐号玄德大师，奕世栖心，皆洽光宠，羽衣象简，其何盛欤。每探讨幽玄，发挥流俗，期以谭讲之力，少报圣明之恩。手缵所讲《道德》二经疏，采诸家之善者，明皇《御注》为宗，盖取乎文约而义该，词捷而理当者，勒成二十卷，庶乎揽之易晓，传之无穷，后之学者，知强君之深意焉。乃题曰《太上老君道德经玄德纂疏》。乾德二年庚辰降圣节戊申日，广成先生光禄大夫尚书户部侍郎上柱国蔡国公杜光庭序。①

因此，今本《道德真经广圣义》的缺佚，似当明代正统年间重刊《道藏》之际，编者有意将其移入强思齐纂的《道德真经玄德纂疏》中，从而才出现大量脱佚的现象。好在强思齐纂《道德真经玄德纂疏》中辑佚的诸家逸文，可以存残补缺，亦为幸事。

三、《道德真经广圣义》的理论特征

杜光庭虽为道士，但在平日的生活中，乐于和儒士、僧人交往，这就为他吸取儒、佛等思想提供了可能。翻开杜光庭的著作，不仅可以看到他经常引用孔孟的语录与术语，还积极吸收佛教的思想与方法。他曾说："凡学仙之士，若悟真理，则不以西竺、东土为名分别。六合之内，天上地下，道化一也。若悟解之者，亦不以至道为尊，亦不以象教为异，亦不以儒宗为别也。"②因此，他打破宗门之见，强调三教圣人虽所说各异，其理一也。"但能体似虚无，常得至道归身，内修清静，则顺天从正，外合

---

① [唐末五代]杜光庭：《道德真经玄德纂疏》，《道藏》第13册，文物出版社、上海书店、天津古籍出版社1988年版，第357页。
② [唐末五代]杜光庭：《太上老君说常清静经注》，《道藏》第17册，文物出版社、上海书店、天津古籍出版社1988年版，第187页。

人事,可以救苦拔衰,以此修持,自然清静。"①认为儒佛道三教的圣人虽各自建构了自己的理论体系,但从终极层面上看,它们所说的道理则是相通的,皆可归于自然清静之道。

从哲学的视野上看,学者首先关注的是其宇宙论。杜光庭继承道教的传统,用"道气"来说明宇宙的本源与本体。他认为"万物之生也,道气皆降之,气存则物生,气亡则物死。物之禀道,所禀不殊,在物皆一。古今虽移,一乃无变,故云不二,是谓之一。道非阴阳也,在阳则阳,在阴则阴,亦由在天则清,在地则宁,所在皆合,道无不在,非阴阳也,而能阴能阳。非天地也,而能天能地。非一也,而能一。周旋反覆,无不能焉。昔既得之,今犹昔也。是知虚心则道合,冥寂则一归。能冥寂虚心者,是谓抑末归本矣"②。此即说明,杜光庭继承了《道德经》中"道生一,一生二,二生三,三生万物"的宇宙发生说,从而把宇宙的本源推至"道"。

杜光庭指出:

> 有物者,无中之有,恍惚之物也。混成者,天地未分,谓之混沌。天包于地,混混无端,天地浮载于水中,积聚于气内,谓曰混元。以其道气化生,分布形兆,乃为天地。而道气在天地之前,天地生道气之后。故云:有物混成,先天地生也。《庄子》曰:大道者,未有天地,自古以固存。吾者,老君自称也。混成之状,恍惚之象,先天先地,混然独立,名号未彰,言语路绝。所以老君强为立字,字之曰道,强为立名,名之曰大。其道广博,包裹天地,贯穿万物,故名大道也。③

---

① [唐末五代]杜光庭:《太上老君说常清静经注》,《道藏》第17册,文物出版社、上海书店、天津古籍出版社1988年版,第187页。
② [唐末五代]杜光庭:《道德真经广圣义》卷三一,《道藏》第14册,文物出版社、上海书店、天津古籍出版社1988年版,第463页。
③ [唐末五代]杜光庭《道德真经广圣义》卷四,《道藏》第14册,文物出版社、上海书店、天津古籍出版社1988年版,第334页。

然而,这种以本源证本体的做法,容易引起歧义,在逻辑上有时也会陷入混乱。因此,杜光庭吸取了儒佛的思想,来发挥唐玄宗所主的"妙本"概念,以求将本源与本体圆融起来。他在义释《道德经》"同出而异名,同谓之玄"时,就吸取了儒佛的思想而倡体用一源,强调"妙体妙用,生于妙无,是同出也。由精而粗,是异名也。混而为一,是同谓之玄也","分而为二者,体与用也。混而为一者,归妙本也"。① 杜光庭将体用一源归于妙本,曰:"夫道有情有信,无为无形,可传而不可授,可得而不可见,在太极之表而不为高,在六极之下而不为深。故谓为虚极之妙本也。以其生天生地,神鬼神帝,故言其通生也。道者,通也。虚者,至无也。极者,至高也。妙者,至玄也。本者,化源也";"妙本者,道也"。② 即将"妙本"作为宇宙之本,又作为人性之源,"人以逐欲而动则迁情,息念而静则合道,迁情则流遁,合道则还元,所以静而致道者,是复归所禀妙本之性命也"③。

在修身理国上,杜光庭倡导冲和之道。他说:"道常谦虚而不盈满,冲和澄澹,处乎其中。深玄寂静,为物之主。故物失冲和之道,必致害亡;人失冲和之道,则至死灭;君失冲和之道,则政扰民离;臣失冲和之道,则名亡身辱。是以知冲和之道,万物恃之以安,为万物之宗矣。语其及物之功,则光明远大。求其妙本,则深静常虚。"④ 即把性命修持归入"妙本"的精神世界。

重玄学萌芽于魏晋,发展于隋代,成玄英通过注老疏庄完成了玄学理论体系的构建,其后经李荣、王玄览的继承与发展,最后由孟安排作了

---

① [唐末五代]杜光庭:《道德真经广圣义》卷四,《道藏》第14册,文物出版社、上海书店、天津古籍出版社1988年版,第335页。
② [唐末五代]杜光庭:《道德真经广圣义》卷四,《道藏》第14册,文物出版社、上海书店、天津古籍出版社1988年版,第334页。
③ [唐末五代]杜光庭:《道德真经广圣义》卷一五,《道藏》第14册,文物出版社、上海书店、天津古籍出版社1988年版,第386页。
④ [唐末五代]杜光庭:《道德真经广圣义》卷八,《道藏》第14册,文物出版社、上海书店、天津古籍出版社1988年版,第355页。

总结。而司马承祯、吴筠,包括唐玄宗,都深受初唐重玄思潮的影响,杜光庭也没能例外。他效仿成玄英,也对历代重玄学者予以归纳。他指出,生活于魏文、明二帝时的孙登是重玄学的开山祖,孙登"以重玄为宗"解释《老子》,从而奠定了重玄学发展的基石。汉唐注老者有60余家,其宗旨意趣可归为六宗,其中"孙登以重玄为宗,宗旨之中,孙氏为妙"①。这里,杜光庭明显地表现出对重玄学的欣赏。杜光庭还指出,在孙登之后,又有"梁朝道士孟智周、臧玄静,陈朝道士诸糅,隋朝道士刘进喜,唐朝道士成玄英、蔡子晃、黄玄颐、李荣、车玄弼、张惠超、黎元兴,皆明重玄之道"②,通过介绍魏晋南北朝到唐代老学思想家的《道德经》注疏,杜光庭不仅大致勾勒出重玄学的发展脉络,而且还指出在重玄学中还分宗玄明理身之道和宗道德明重玄之道的差异。

《道德真经广圣义》是研究杜光庭重玄思想的重要资料。杜光庭以唐玄宗御注《道德经》为依据,发挥己见,以广玄宗"圣义"。玄宗曰:"道德五千,实惟家教。理国则致乎平泰,修身则契乎长生。"③杜光庭的"广圣义",实则以此为纲,他继承了重玄学以庄解老和以佛解老的传统,同时融入了儒家的思想,以迎合封建王朝统治的需要。他"以重玄学为中介,将心性论与修道论结合起来,使心性论成为修道论的理论基础,从而促进了道教从向外追寻长生之路,回归到从自我心境中来探求如何实现生命的超越"④。

老子是道的化身,并且是玄玄(重玄)教主。杜光庭说:"玄,深妙也,亦不滞也。宗,主也,尊也。言太上老君为深妙道之主也。老君既不滞

---

① [唐末五代]杜光庭:《道德真经广圣义》卷五,《道藏》第14册,文物出版社、上海书店、天津古籍出版社1988年版,第341页。
② [唐末五代]杜光庭:《道德真经广圣义》卷五,《道藏》第14册,文物出版社、上海书店、天津古籍出版社1988年版,第340页。
③ 转引自[唐末五代]杜光庭:《道德真经广圣义》卷三八,《道藏》第14册,文物出版社、上海书店、天津古籍出版社1988年版,第313页。
④ 孙亦平:《杜光庭的重玄学思想初探》,《南京大学学报》(哲学·人文科学·社会科学版)2003年第4期。

有,亦不滞无,因果两遗,粗妙双遣,先天后劫,尊为教主,故云玄玄道宗也。"①因而,道既是有又是无,有和无是一体两面,二者统一于道。

"有""无"问题是自魏晋玄学至重玄学所重点讨论的问题,杜光庭自然不会忽视这一主题。杜光庭认为:

> 一曰以无为体,以有为用。可道为体道,本无也。可名为用名,涉有也。二曰以有为体,以无为用。室车器以有为体,以无为用,用其无也。三曰以无为体,以无为用,自然为体,因缘为用,此皆无也。四曰以有为体,以有为用,天地为体,万物为用,此皆有也。五曰以非有非无为体,非有非无为用,道为体,德为用也。又于本迹门中,分为二别。以无为本,以有为迹。无名,有名也。以有为本,以无为迹,互相明也。万物自有而终,归于无也。夫以玄源澄寂,妙本杳冥,非言象可求,非无有可质,固亦讨论理绝,拟议道穷,而设教引凡,示兹阶级。然在于冥心感契,渐顿随机,不可滞教执文,拘于学相。澡心浴德之士,勤乎勉哉。②

杜光庭继承并发展了唐代重玄学家的思想,不仅以"既有既无"来说明"道"的本源性、本根性,更强调作为本体的道虽然具有超越于一切事物的特征,但却是最真实、最终极的永恒存在。他说:

> 道者,虚无之称也。以虚无而能开通于物,故称曰道。无不通也,无不由也。若处于有,则为物滞碍,不可常通。道既虚无为体,无则不为滞碍,言万物皆由之而通,亦况道路以为称也。寂然无体

---

① [唐末五代]杜光庭:《道德真经广圣义》卷三,《道藏》第14册,文物出版社、上海书店、天津古籍出版社1988年版,第325页。
② [唐末五代]杜光庭:《道德真经广圣义》卷六,《道藏》第14册,文物出版社、上海书店、天津古籍出版社1988年版,第344—345页。

也,而天覆地载,日照月临,冬寒夏暑,春生秋杀,万象运动,皆由道而然,不可谓之无也。及乎穷其动用,考彼生成,岂见其所营为,岂知其所运化,不可谓之有也。乃是无中之有,有中之无,不得指而定名,故谓之为恍惚尔。……妙本之道,出乎虚无。虚无之体,清浮在上,欲生化品物,运道神功于妙无之中而生妙有。妙有融化,自上而下,降于人间,兆见物象。妙无为本,妙有为迹。本则澹然常存,迹乃资生运用,由是言之,一切物象,皆由道生,一切形类,皆道之子矣。①

这里,杜光庭既从本源论的角度谈到了"妙无之中而生妙有",以强调道与万物的生成关系,同时又以"妙无为本,妙有为迹"来强调道是天地万物乃至人的存在的本体,用有无、本迹来说明道是超绝名相的终极本体,以解决"妙本"在"从本降迹"化生万物之后,万物如何继续保持并体现道的本性。杜光庭努力将"道"放到万物之本的位置上,通过强调其妙本之真性,不仅为天地人的存在提供了最终极的依据,而且也为人的存在及修道成仙提供了依据。

就道体的超越性层面看,杜光庭强调道体是"非有非无"的,无可执著、不可言说。他说:

物是妙无之本象,为妙有之迹。既从本而降迹,则是道生万法。循迹归本,则万法复宗于道。言自妙有,却归妙无,无始无终。常生常化矣。……自道所禀谓之性,性之所迁谓之情。人能摄情断念,返性归元,即为至德之士矣。至德之本,即妙道也。故言修性返德,自有归无。情之所迁者有也,摄情归本者无也。既能断彼

---

① [唐末五代]杜光庭:《道德真经广圣义》卷一九,《道藏》第14册,文物出版社、上海书店、天津古籍出版社1988年版,第402页。

妄情,返于正性,正性全德,德为道阶。此乃还冥至道也。冥者,契合也。妙物为道,故云摄迹归本。此乃摄有用之迹,归无为之本也。①

在他看来,任何有为、有执的做法,都是对道的遮蔽。因此,执著有或无,就无法使修道者得道:"世人不能知道,妄动营为,非道营为,必至隳败,或妄于教体,执著有无,不能任以自然。守常知分,有执必失,有为必败,此乃常理也。"②

在唐代重玄学与心性论的影响下,杜光庭强调修心炼性,以追求精神的超越。他认为"人之禀生有三业十恶",这种与生俱来的"恶"导致了人生活于苦难之中,如果不通过修道来加以摒除,不仅会给人带来源源不断的苦难,而且还会对人的生命造成损害,"人若纵此三业十恶,则必从生趣死"③。因此,人修道必须先去除被称为"三毒"的"三业",使"六欲"不生。"人若能断得其华饰,远其滋味,绝其淫欲,去此三事,谓之曰三毒消灭。三毒既灭,则神和气畅精固,三元安静,三业不生,自然清静。"④杜光庭通过重玄学而引导人们在心境上追求精神超越,这顺应了中国哲学从宇宙本体论转向心性论的发展趋势,同时为道教内丹心性学的建构提供了理论思路,对唐宋道教的理论转型产生了重要影响。

在社会观方面,杜光庭以道家清静自然的思想为基点,倡导"身国同治"。这种理念直接来自唐玄宗。杜光庭提出:

---

① [唐末五代]杜光庭:《道德真经广圣义》卷一九,《道藏》第14册,文物出版社、上海书店、天津古籍出版社1988年版,第402—403页。
② [唐末五代]杜光庭:《道德真经广圣义》卷四三,《道藏》第14册,文物出版社、上海书店、天津古籍出版社1988年版,第534页。
③ [唐末五代]杜光庭:《道德真经广圣义》卷三六,《道藏》第14册,文物出版社、上海书店、天津古籍出版社1988年版,第498页。
④ [唐末五代]杜光庭:《太上老君说常清静经注》,《道藏》第17册,文物出版社、上海书店、天津古籍出版社1988年版,第185页。

> 夫一人之身,一国之象也。胸腹之位,犹官室也。四肢之别,犹郊境也。骨节之分,犹百官也。神,犹君也。血,犹臣也。气,犹民也。知理身,则知理国矣。爱其民,所以安国也。吝其气,所以全身也。民散则国亡,气竭则身死。亡者不可存,死者不可生。所以至人销未起之患,理未病之疾。气难养而易浊,民难聚而易散。理之于无事之前,勿追之于既逝之后。①

这是对唐玄宗"理国如同理身"思想的形象解读,也是杜光庭由唐王朝的现实而发出的感慨。

杜光庭强调"有道之君"的重要性,他说:

> 《礼记》云:人者,天地之德,阴阳之交,鬼神之会,五行之秀。故圣人作则,必以天地为本,阴阳为端,四时为柄,日星为纪,鬼神以为徒,五行以为质,礼义以为器,人情以为田,四灵以为畜。故人情者,圣王之田也。情田无为,几于道矣。②

如果"有道之君"不崇尚武功,能做到清静无为,那么天下就会出现《诗经·甫田》所描绘的太平盛世。

唐玄宗从自己的亲身体验出发,认识到"雌柔""守静"的重要性。杜光庭也是如此,他说:"理国在于谦静,理身在于雌柔,万物顺从,众德归凑,则常享其祚,克全其身。婴儿者,未分善恶,未识是非,和气常全,泊然凝静,以喻有德之君、全道之士。其德若此,乃合道真。理身则神所

---

① [唐末五代]杜光庭:《道德真经广圣义》卷八,《道藏》第14册,文物出版社、上海书店、天津古籍出版社1988年版,第352—353页。
② [唐末五代]杜光庭:《道德真经广圣义》卷三五,《道藏》第14册,文物出版社、上海书店、天津古籍出版社1988年版,第489页。

归,理国则民交会之也。"① 如果能做到"谦静""雌柔",那么就能"万物顺从,众德归凑",也就能做到与"道"合一。这样来说,个体就能做到形神合一,国家就会得到老百姓的拥护。

杜光庭把"理身"问题归结为"理心"。他说:

> 善恶二趣,一切世法,因心而灭,因心而生。习道之士,灭心则契道。世俗之士,纵心而危身,心生则乱,心灭则理。所以天子制官僚,明法度,置刑赏,悬吉凶,以劝人者,皆为心之难理也。无心者,令不有也。定心者,令不惑也。息心者,令不为也。制心者,令不乱也。正心者,令不邪也。净心者,令不染也。虚心者,令不著也。明此七者,可与言道,可与言修其心矣。②

杜光庭之所以特别强调"理心"问题,绝不单纯为了阐发道教的修习理论,而是为人们指出与"道"合一的途径。如果能使积极向善成为一种自觉,就会形成一种良好的社会氛围,从而实现自己的政治理想。

杜光庭虽把"理身"作为"理国"的前提,但他的最终目标还是"修道成仙":

> 圣人之理也,任自然之化,无独见之专,不厚其生,不伐其善,不为天下之先,故能处人之上。不为天下之贵,故能享祚久长。所以亿兆宅心,夷蛮稽颡,干戈止息,宗庙安宁。此之为私也大矣。由其不以私为私,故成此光大。理身则德充人服,道契神明,身寿

---

① [唐末五代]杜光庭:《道德真经广圣义》卷二四,《道藏》第14册,文物出版社、上海书店、天津古籍出版社1988年版,第426—427页。
② [唐末五代]杜光庭:《道德真经广圣义》卷八,《道藏》第14册,文物出版社、上海书店、天津古籍出版社1988年版,第353页。

长生,其私大矣,亦由其不以徇私逐欲,成就此大私也。①

"理身"不仅能使国家安宁、人民幸福,只要坚持"绝利忘名,寒栖炼行",就能得道成仙。就这样,杜光庭把"理身理国"与"修道成仙"联系起来,实现了"理身""理国"与"成仙"的三位一体。

杜光庭通过解释《老子》来讲"身国同治",其《道德真经玄德纂序》说太上老君"著《道德》二篇,欲明道无为也,因德以显之。德有用也,因道以明之。资立言以畅无言,因理本而宏妙本。为理身理国之要,乃至精至极之宗。以授于舜";然后嘲讽"末学小儒"的无知,阐明以"理身理国"为要领的《道德》二篇,"非谓绝仁义圣智,在乎抑浇诈聪明。将使君君臣臣、父父子子,见素抱朴,泯合于太和,体道复元,自臻于忠孝。世儒不知,以为老君之道,弃仁义,黩礼智,非立教之大方。且夫至仁合天地之德,至义合天地之宜,至乐合天地之和,至礼合天地之节,至智合天地之辨,至信合天地之时……故仲尼亚圣,皆默而得之。黜体黜聪,遗形去智,超乎物表,永为真人,非末学小儒之所知也"。②显然这是在调和儒道关系,以老子"自臻于忠孝",孔孟"永为真人",指明二者是殊途同归。

对于杜光庭来说,身体是身国同治的出发点:

> 理国圣人,率身从道,道与天合,冥契上玄,万方顺之,应犹响答,不俟行化而后能知近取诸身者。《易·下系》云:古者庖羲氏之王天下也,仰则观象于天,俯则观法于地,观鸟兽之文与地之宜,近取诸身,远取诸物,始作八卦,以通神明之德,以类万物之情。此

---

① [唐末五代]杜光庭:《道德真经广圣义》卷九,《道藏》第14册,文物出版社、上海书店、天津古籍出版社1988年版,第360页。
② [唐末五代]杜光庭:《道德真经玄德纂序》,[清]董诰等辑:《全唐文》卷九三一,《续修四库全书》集部第1649册,上海古籍出版社2002年版,第606—607页。

言以身之耳目鼻口,与八卦相应。身之所行,吉则应之,凶则违之。①

按照《易经》"近取诸身,远取诸物"的思维方式,圣人治理国家应以自己的身体跟随"道",身体所行吉利,政治上则与之相呼应;身体所行凶险,政治上则与之相背离。"身之所行"的吉凶,成为测试政治上如何行动的先导指引。

为了弥合道教出世修道的人生态度与儒家修齐治平、积极入世思想的矛盾,杜光庭将儒家之"孝"与道教之"道"相联系,以说明儒家所讲的孝慈是"独亲其亲",这种"私亲"是片面的,因为"六亲不和,则孝慈之名偏立。天下有道,则淳朴之化复行。淳素既行,人皆慈孝,可谓无私亲矣。斯则绝名迹之仁义,复玄同之孝慈,无私亲者,是不独亲其亲也"②。这就在客观上协调了儒家建立在孝亲之上的伦理观和修齐治平的入世观与道教不为仁义所缚、不为功名所累的出世观之间的矛盾,树立了即世而超越的人生观和出世而不离世的社会理想。

概而言之,杜光庭的思想以重玄之学为主干。他主张体用一源、归于妙本,以"既有既无"来说明"道"的本源性、本根性;强调作为本体的道,虽然具有超越一切事物的特征,但却是最真实、最终极的永恒存在。修道即是修心炼性,以追求精神的超越。在社会观方面,杜光庭以道家清静自然的思想为基点,倡导"身国同治",以冲和之道修心养性、治理天下。己身修于内,政治应于外,能把身体保养好,就能治理好国家。

---

① [唐末五代]杜光庭:《道德真经广圣义》卷三五,《道藏》第14册,文物出版社、上海书店、天津古籍出版社1988年版,第492页。
② [唐末五代]杜光庭:《道德真经广圣义》卷一七,《道藏》第14册,文物出版社、上海书店、天津古籍出版社1988年版,第395页。

参考文献

1. 王瑛:《杜光庭入蜀时间小考》,《宗教学研究》1995年第6期。
2. 孙亦平:《杜光庭的重玄学思想初探》,《南京大学学报》(哲学·人文科学·社会科学版)2003年第4期。
3. 刘琳:《论东晋南北朝道教的变革与发展》,《宋代文化研究》第13、14合辑,四川大学出版社2006年版。
4. 强昱:《杜光庭的修道理论》,《华中师范大学学报》(人文社会科学版)2007年第2期。
5. 王瑛:《杜光庭佚诗考》,《蜀学》2020年总第18辑。

(责任编辑:展　言)

《肇论》海外译本刍议
——兼与徐梵澄译本比较*
杨本华

摘要:《肇论》有塚本善隆主编的日文译本,李华德、罗宾逊、汤普森、徐梵澄等翻译的英译本。这些译本在翻译体例上各有不同,且都出现了不同程度的节译、篇目排序、藏经底本选择、运用《肇论》注疏对勘等方面的不同。各译本也各有特点,如塚本善隆主编的译本"忠于原文",李华德译本则注重"中西文化交流",罗宾逊译本重在论证"僧肇的神秘主义",汤普森译本则有着"哲学诠释学视域",而徐梵澄先生译本则以面向普通大众读者为目的,从而注重翻译文本的"精炼"。同时,这些译本也有许多分歧,这些分歧可以追溯到《肇论》注疏史本身存在的争议。

关键词: 肇论 塚本善隆 李华德 罗宾逊 汤普森 徐梵澄

僧肇著作《肇论》是中国佛教史上的重要作品,代表了"佛教中国化体系的初建",是中国人能够理解印度佛教思想的体现。这本著作在中国佛教史上产生了巨大影响,历代注疏不断。近现代以来,《肇论》也逐

---

* 本文系安徽省教育厅重点项目"近代安徽佛学居士的传统文化判摄与会通——杨文会三教观研究"(SK2021A0006);国家社科基金重大项目"儒佛道三教关系视域下中国特色佛教文化的传承与发展研究"(18ZDA233)阶段性成果。杨本华,哲学博士,安徽大学哲学学院讲师,主要从事佛学研究。

渐出现了诸多外译本,目前国内外《肇论》的外文译本共有五个,分别是日本学者塚本善隆主编的著作《肇论研究》①、德国汉学家李华德(Walter Liebenthal)著作《肇论:僧肇的著作》(*Chao Lun: The Treatise of Seng-Chao*)②、美国汉学家罗宾逊(Richard H. Robinson)著作《早期印度与中国的中观学派》(*Early Mādhyamika in India and China*)③、美国学者汤普森(John Mclaney Thompson)博士论文《理解般若:僧肇的"狂言"与智慧之寻》(*Understanding Prajñā: Sengzhao's "Wild Words" and the Search for Wisdom*)④、中国学者徐梵澄先生的《肇论》翻译⑤。其中日本学者为日文翻译,其余皆是英文译本。

一、各译本文献的基本情况

五个译本因为各自作者的背景等原因,在翻译体例、译本的节选情况、译本对《肇论》篇目的排序、译本的藏经底本选择,以及利用中国古代《肇论》注疏进行对勘等情况皆有所不同,以下分别论述。

(一)各译本的翻译体例

首先,塚本善隆主编的译本整体体例上是竖排排版,每页分为三部分,最上方是以注释的方式呈现各底本对勘校对出入的内容,中间是中文《肇论》,下方则是日文译文的内容。且除了这本译著作为日文译本的特色外,在翻译行文中,译者还对一些中国古代佛教经典中使用的梵语

---

① 〔日〕塚本善隆主编:《肇论研究》,京都法藏馆1955年版。
② Walter Liebenthal, *Chao Lun: The Treatise of Seng-Chao*, Hong Kong: Hong Kong University Press, 1968.
③ Richard H. Robinson, *Early Madhyamika in India and China*, Madison: The University of Wisconsin Press, 1967.
④ John Mclaney Thompson, *Understanding Prajñā: Sengzhao's "Wild Words" and the Search for Wisdom*, Peter Lang Inc., 2008.
⑤ 徐梵澄:《徐梵澄文集》第3卷,上海三联书店、华东师范大学出版社2006年版。

字词进行了梵文拉丁字母转写的补充,如大乘后加上 mahāyāna,应该说是以日语、梵文进行综合翻译的文献。

除了语言特点外,在形式上,该译本还分别用小括号"()",六角括号"〔〕",角括号"「」",以及脚注、尾注对翻译内容进行了补充。其中小括号用于补充僧肇文论中省略的诸多修饰语内容,如"(佛教の)縁使真言滯於競辨"①,《肇论》原文中并没有直接交代是谁的真言,而译者则进行了补充;六角括号则是对僧肇提到的一些概念名词术语进行同义词的补充,如僧肇《宗本义》中"沤和般若"一句被译为"漚和 upāya〔方便〕と般若 Prajñā〔智慧〕"②,在进行梵语解释的过程中,六角括号内加入了更进一步的解释,以方便读者理解;角括号用于僧肇文论中引用的经论,以及人物说话的内容;脚注则是在对勘时,对各本存在出入现象的文句进行的补充解释;尾注则是对翻译内容的进一步详细解释。

其次,塚本善隆主编的译本虽然是日文译本,但其体例风格却也影响了后世诸多英译本,几乎所有译本都采取了这个日译本的注释体例特点。如李华德译本整体以英文翻译为正文,中间杂以小括号"()"、中文进行补充,且在翻译中以脚注的形式进一步解释,而这在塚本善隆主编的译本中已经被使用。

在正文的翻译中,李华德不仅采取了塚本善隆译本的梵语模式,还采取了中文音译与中文意译相组合或交叉使用的方式,如"心无"被译为"'emptiness of mind' hsin-wu(心無)"③。

在脚注中,李华德采取了与塚本善隆主编的译本同样的方式进行了补充解释,如徐梵澄先生曾评价其译本:"他对词典资料的全面收集,对技术术语的大量翻译,以及对中国古代文学的广泛引用,都值得我们高

---

① 〔日〕塚本善隆主编:《肇论研究》,京都法藏馆1955年版,第7页。
② 〔日〕塚本善隆主编:《肇论研究》,京都法藏馆1955年版,第6页。
③ Walter Liebenthal, *Chao Lun: The Treatise of Seng-Chao*, Hong Kong: Hong Kong University Press, 1968, p.55.

度尊重。"①这基本概况了李华德译本的脚注特点。

在体例上,李华德译本也有创新之处,如对《肇论》每篇文章进行了分节,这种分节方式几乎均为后来外国人的译本所采纳,且这种安排与整理能够使得人们很快地了解每段的大体内容。如罗宾逊译本,在形式上较李华德译本简略,也采取了李华德译本所开创的分节模式,以及各译本中常见的小括号、中括号对注释进行梵语、语意等内容的补充。不同的是,罗宾逊将所有小节都加上了标题(李华德仅加上了部分标题),且以尾注的方式注释,这使得行文看起来较为简练。

而汤普森译本的章节安排基本按照前人的分类,也保留了诸如小括号、中括号等行文中的补充解释,使用梵语进行概念解释,使用脚注进行评价与分析僧肇文论出处、补充解释等,并没有进行更多创新。

最后,徐梵澄的译本则采用横排一页两面分别是中英文的形式,文中仅有极少的脚注,通篇阅读流畅,在体例上,与前面译本比较,则呈现出精炼的特点。

(二) 各译本的节译与篇目排序

五个译本对《肇论》的翻译并非全译,而是进行了有选择的翻译,且在选择的过程中呈现出篇目次序安排的不同。

首先,《肇论》自集解以来,在历史上至少出现了两种排序的内容结构②,分别是晋代惠达的《肇论疏》与唐代元康的《肇论疏》,其内容与排序如下:

---

① 徐梵澄:《徐梵澄文集》第 3 卷,上海三联书店、华东师范大学出版社 2006 年版,第 412 页。
② 韩国学者孙炳哲认为惠达排序之所以与后世通行本不一,是因为当时中国佛教涅槃佛性论盛行所致。详见〔韩〕孙炳哲:《肇论通解及研究》,载佛光山文教基金会编:《中国佛教学术论典》第 19 册,高雄佛光山文教基金会 2001 年版,第 33 页。

惠达:《涅槃无名论》《不真空论》《般若无知论》《物不迁论》。①

元康:《宗本义》《物不迁论》《不真空论》《般若无知论》《涅槃无名论》。②

元康《肇论疏》的排序与内容和惠达均有所不同,且元康疏中记录了陈代小招提寺惠达《肇论序》,此序所提及的排序与内容也与元康疏中一致,但两位惠达是否是一人,学界看法不一。正因为如此,以汤用彤先生为代表的后世学界研究者,提出《宗本义》可能是后来人窜入,而非僧肇所作的观点。③ 进而,汤用彤先生又根据唐代元康注疏提出《涅槃无名论》中引用《涅槃经》,以及后者在僧肇亡故后才译出的历史,提出《涅槃无名论》可能也是伪作的说法④,后世由此争议不断⑤。

---

① [晋]惠达:《肇论疏》,《卍新纂续藏经》第54册,CBETA,2019年,第42页。
② [唐]元康:《肇论疏》,《大正藏》第45册,CBETA,2019年,第161页。
③ 一般认为此问题之肇始源于汤用彤先生《汉魏两晋南北朝佛教史》,如港台学者邱敏捷认为:"历史上从来没有人对《宗本义》产生怀疑,汤用彤首先提出意见。"(详见邱敏捷:《〈宗本义〉与〈涅槃无名论〉的作者问题》,《佛学研究中心学报》2003年第8期)但《宗本义》文献是否由僧肇所作,以及此文来源问题早在明代便已有学者怀疑,如明人梅鼎祚《释文纪》中已经提及"此梁慧皎《高僧传》所载四论,《般若无知》最先,次《物不迁》,次《不真空》,次《涅槃无名》,《开元释教录》亦然,而并无《宗本义》,陈释慧达有"([明]梅鼎祚:《释文纪》,《大藏经补编》第33册,CBETA,2019年,第162页)。后来汤用彤先生基本承袭此说(汤用彤:《汉魏两晋南北朝佛教史》,《汤用彤全集》第1卷,河北人民出版社2000年版,第248页),经过其学生石峻(石峻:《读惠达〈肇论疏〉述所见》,《石峻文集》,武汉大学出版社2013年版,第5页),以及张春波(张春波:《肇论校释·绪论》,中华书局2010年版,绪论第7页、正文第1页)、许抗生(许抗生:《肇论评传》,南京大学出版社1998年版,第17页)、汉学家李华德(Walter Liebenthal, *Chao Lun: The Treatise of Seng-Chao*, Hong Kong: Hong Kong University Press, 1968, p. 9)、韩国学者孙炳哲([韩]孙炳哲:《肇论通解及研究》,载佛光山文教基金会编:《中国佛教学术论典》第19册,高雄佛光山文教基金会2001年版,第27页)等诸多学者承袭与补充而观点丰富,加之洪修平(洪修平:《肇论》,东方出版社2018年版,第24页)、邱敏捷(邱敏捷:《〈宗本义〉与〈涅槃无名论〉的作者问题》,《佛学研究中心学报》2003年第8期)等人认为汤先生观点还不足以推翻此论,以及如牧田谛亮([日]牧田谛亮:《肇论の流伝について》,载塚本善隆主编:《肇论研究》,京都法藏馆1955年版,第273页)等学者认为此论可疑等等,从而形成了《宗本义》真伪问题的争议。
④ 汤用彤:《汤用彤全集》第1卷,河北人民出版社2000年版,第500—501页。
⑤ 杨本华:《〈肇论·涅槃无名论〉伪书说考辨》,《中国佛学》2021年第2期。

其次，正是因为上述从《肇论》集解到文章排序等史实交错的现象，《肇论》的真伪问题、排序问题使翻译呈现出了译本节译以及排序不同的情况。

如李华德认为《宗本义》为假，《涅槃无名论》部分假而部分真①，在这样的情况下，李华德并没有翻译《宗本义》，而是按照元康《肇论疏》的排序翻译了其余四篇文论。

再如徐梵澄先生则认为僧肇著作《肇论》中并非都是真迹，如《涅槃无名论》前的一段话是后人伪造②，故其仅按次序翻译了《物不迁论》《不真空论》《般若无知论》三篇著作。

复如罗宾逊分别翻译了《般若无知论》《不真空论》《物不迁论》，这缘于他在对僧肇生平考察的过程中，对僧肇著作做了年代划分，按创作时间先后的话，则是这一顺序。这一顺序后来为韩国学者杨顺爱专门提出，杨顺爱认为这可以算是《肇论》排序的第三种方式。③ 但尽管罗宾逊认为《涅槃无名论》是僧肇所作④，他却并没有翻译此文，其中缘由不得而知。

还有诸如塚本善隆主编、中世思想史研究班集体翻译的《肇论》则对元康《肇论疏》以来的《肇论》通行本整体都进行了翻译，之所以如此，很可能是他们认为此注是"非常忠实僧肇原义"的作品所致。⑤ 总之，受到《肇论》篇目排序与真伪等问题的影响，《肇论》的翻译也出现了节译与排序不同的情况。

---

① Walter Liebenthal, *Chao Lun: The Treatise of Seng-Chao*, Hong Kong: Hong Kong University Press, 1968, pp. 9, 150-152.
② Walter Liebenthal, *Chao Lun: The Treatise of Seng-Chao*, Hong Kong: Hong Kong University Press, 1968, p. 411.
③ 〔韩〕양순애:《肇论구성순서에대한재구성논증》,《东西人文学刊》2014年第3期。
④ Richard H. Robinson, *Early Madhyamika in India and China*, Madison: The University of Wisconsin Press, 1967, p. 124.
⑤ 详见〔日〕塚本善隆主编:《肇论研究》,京都法藏馆1955年版,第277页。国内也有诸多研究者认同此说,如覃江:《元康〈肇论疏〉对僧肇佛学思想的经学还原》,《中华文化论坛》2015年第6期。

(三) 各译本的藏经底本选择与注疏对勘

日本学者塚本善隆主编的《肇论研究》的底本采纳了《大正藏》、松本文库本《肇论中吴集解（覆宋明刊本）》、东京前田家尊经阁文库的宋代梦庵《节释肇论》（镰仓时期抄本）、东大寺图书馆藏唐代元康《肇论疏》（镰仓时期抄本）以及其他藏经的底本。[①] 因为此书的研究团队，以牧田谛亮为代表，对《肇论》流传的诸多注疏都做了详细考察，几乎比较了《肇论》的各个版本，以及比较了《肇论》注疏中的《肇论》文章，如惠达《肇论疏》，惠达《肇论序》，元康《肇论疏》，梦庵《节释肇论》，文才《肇论新疏》《肇论新疏游刃》，净源《肇论中吴集解》《肇论集解令模钞》，遵式《注肇论疏》，德清《肇论略注》等历代注本。这些注本经比较后的结果也作为注释记录在每页翻译文本的上方。

塚本善隆主编的《肇论研究》对《肇论》底本的比较以及对日本《大正藏》《续藏经》等文献的运用，基本成为后来《肇论》翻译底本选择的参考。如李华德的翻译选择的是元康《肇论疏》以来的通行本排序，可见其参考了这些版本，同时他文中也提及这些都源于《大正藏》《续藏经》[②]，但李华德使用的《大正藏》是1922—1933年东京大正一切经刊行会版本，《续藏经》则是上海涵芬楼1923—1925年影印的日本京都1905—1912年的《续藏经》[③]。后来如罗宾逊、汤普森、徐梵澄等先生基本也采用了《大藏经》《续藏经》的版本，如徐梵澄先生的翻译也是按照通行本顺序，大体仍是以《大正藏》中的《肇论》来作的翻译，但其中也有出入，如徐梵澄先生文中记载《物不迁论》"违真则迷性而莫返，逆俗则言淡而无

---

① 〔日〕塚本善隆主编：《肇论研究》，京都法藏馆1955年版，第3—4页。
② Walter Liebenthal，*Chao Lun: The Treatise of Seng-Chao*，Hong Kong：Hong Kong University Press，1968，pp. xvi，11–15.
③ Walter Liebenthal，*Chao Lun: The Treatise of Seng-Chao*，Hong Kong：Hong Kong University Press，1968，p. xiii.

味"①一句,则与其他诸本中的"违真故迷性而莫返,逆俗故言淡而无味"不太一致。

二、各译本的主要特点

大体而言,塚本善隆主编的译本以"忠于原文"为特点,李华德译本以注重"中西文化交流"为特点,罗宾逊译本以"论证僧肇的神秘主义"为特点,汤普森译本以注重"哲学诠释学视域"为特点,而徐梵澄先生译本则以"精炼"为特点。

(一) 忠于原文的注本

日本学者塚本善隆主编的《肇论研究》中的翻译工作由中世思想史研究班共同完成,他们是专业的佛教研究学者,有大量关于《肇论》及其相关注疏的研究作品问世,有非常专业的学术翻译团队,并对《肇论》及其注疏作了专业的文献学、历史学、哲学的考察。

就内容特点而言,塚本善隆主编的译本几乎是诸多译本中中立性最强的译本,该译本忠于原义,其中有大量对僧肇《肇论》文句中省略的修饰语的补充,且尽可能地使用中国、印度经典的原文进行进一步的补充论证,帮助读者全面地理解僧肇文意。

(二) 注重中西文化交流的注本

李华德译本则有着注重中西文化交流的特点。李华德曾经在中国生活,并向当时中国佛教著名高僧太虚大师请教交流,向太虚大师表达了想要翻译《肇论》的想法。② 而太虚大师本人虽未对《肇论》有专门的

---

① 徐梵澄:《徐梵澄文集》第3卷,上海三联书店、华东师范大学出版社2006年版,第419页。
② 李雪涛:《太虚法师致信希特勒书信考》,《抗日战争研究》2020年第4期。

长篇著作,但其有"肇论四句偈"的分析与研究论文发表在当时的《叒社丛刊》上①。此外,徐梵澄先生提及李华德还在汤用彤先生的指导之下进行部分研究,以及在内学院跟随欧阳竟无学习的背景。② 李华德先生在北大也任职过,且也在文章绪言中提及了汤用彤与冯友兰的诸多著作。③ 所以说,李华德的译本是在多位专业的中国佛教僧人、专业的中国佛教学者的指导下创作的,这也使他的注本有了注释丰富与中西思想互释的特点。

在内容特点上,李华德不仅进行了翻译,还在脚注以及翻译过程中流露其沟通中西哲学的想法。如《物不迁论》被其译为"ON TIME: WU PU-CH'IEN LUN 物不遷論",这个题目的翻译中加入的"ON TIME"——时间的看法,便是他围绕此论所做的诠释。在脚注中,他提出:

> 在西方语言中,"时间"这个词有许多不同的含义。在这里,它指的是作为我们经验的环境时间……这个"时间"有三个阶段,但僧肇的论述只讲了其中的两个阶段,即过去和现在。④

李华德认为时间在西方文化中有三个部分,分别是过去、现在、未来,而在其看来僧肇著作却只讨论了过去和现在。虽然表达的事实在东西方并没有差别,但是其中有不同于西方文化思维的价值。如僧肇所提"不从今以至昔"的概念。李华德提出在西方世界仅仅有"从过去到未来",这被看作一种充满希望的看法,且李华德认为这是一种历史事件在观众面前展开的叙事,所以时间不会随着观众而流动。而在印度文化中

---

① 太虚:《〈肇论〉四句偈解》,《叒社丛刊》1915 年第 2 期,第 4—10 页。
② 徐梵澄:《徐梵澄文集》第 3 卷,上海三联书店、华东师范大学出版社 2006 年版,第 412—414 页。
③ Walter Liebenthal, *Chao Lun: The Treatise of Seng-Chao*, Hong Kong: Hong Kong University Press, 1968, p. vii–ix.
④ Walter Liebenthal, *Chao Lun: The Treatise of Seng-Chao*, Hong Kong: Hong Kong University Press, 1968, p. 45. 引文为笔者所译。

的时间概念却是从个体的出生到死亡,所以未来在他们看来是未出生的时间,从出生到不断衰老的未来变化,以及死后的时间。僧肇的这种走向过去则被看作"非常黑暗而颠倒的认识"。李华德进一步指出,在佛教中,一切诸法现象都是缘起缘灭的,所以一切现象都是虚假不真实的,既然如此,在这样的时间变化中,实际上没有主体保存下来。这样来看,时间便已经解构了分析时间所可以依赖的物体本身,时间同样也是不真实的了,而这正是僧肇文论所要表达的认识。李华德进而认为僧肇所要表达的"从现在到过去"是一种佛教三摩地的冥想境界,而这种对世界真相的认识又无法以世俗的语言来表达,在这样的冲突中,佛教方便波罗蜜便显得尤为重要。所以僧肇借助相对运动来论证运动现象的不真实,而静止则是永恒的,正如同上文所说,一切事物都是变化发展的,虽然下一刻的事物不再是上一刻的事物,但至少不同时刻,或者说缘起生灭不断的各个事物,实则各个静止于其当下,而这便是一种实相体认。李华德认为这便是僧肇以般若智慧所体认的世界,他进而以明代憨山德清《肇论略注》中的禅观体验世界作为论据,以表达对这种生命体验的推崇。

(三) 注重神秘主义思想的注本

美国汉学家罗宾逊译本则具有论证僧肇神秘主义思想的特点。罗宾逊主要受到了传统西方哲学研究的熏陶,他对《肇论》的翻译基于对印度中观学派的研究,在此基础上发展为对中观学派传入中国后、被誉为"秦人解空第一"的僧肇的《肇论》的关注。罗宾逊在翻译过程中表达了对《肇论》的神秘主义观点的界定,这肇始于其对当时西方佛学研究的批评。在当时,学者如穆迪(Murti)比较康德哲学与印度佛教哲学思想,进而分析印度佛教哲学的理性分析与西方哲学的相似性。[1] 而罗宾逊对此

---

[1] Richard H. Robinson, *Early Madhyamika in India and China*, Madison: The University of Wisconsin Press, 1967, p. 4.

提出了反对意见,在他看来,龙树、僧肇的中观学思想是一种神秘主义的认识。我们可以比较诸家翻译《肇论》中《般若无知论》一篇的"般若之智"来呈现罗宾逊译本的这一特点:

原文:此辨智照之用。①

罗宾逊:This specifies [holy] knowledge's function of intuition.②

塚本善隆:といつてゐる。てれは(般若の)智の照すはたらきを說明したきのでありながら。③

李华德: This quotations describe the act of (Cosmic) Manifestation(chao 照).④

汤普森: These [statements] describe wisdom's illuminating function.⑤

徐梵澄:As these passages refer to the action of reflection of the wisdom.⑥

可以看到,李华德将这种般若智慧译作宇宙智慧,而塚本善隆主编的译本直译为般若之智,汤普森、徐梵澄也都译为智慧,但罗宾逊却加上注释——holy 智慧,即神圣的智慧,而这正是他所要论证的僧肇以及印度中观学思想中的神秘主义内容。

---

① [后秦]僧肇:《肇论》,《大正藏》第 45 册,CBETA,2019 年,第 153 页。
② Richard H. Robinson, *Early Madhyamika in India and China*, Madison:The University of Wisconsin Press,1967, p. 213.
③ [日]塚本善隆主编:《肇论研究》,京都法藏馆 1955 年版,第 24 页。
④ Walter Liebenthal, *Chao Lun: The Treatise of Seng-Chao*, Hong Kong:Hong Kong University Press, 1968, p. 66.
⑤ John Mclaney Thompson, *Understanding Prajñā: Sengzhao's "Wild Words" and the Search for Wisdom*, Peter Lang Inc., p. 375.
⑥ 徐梵澄:《徐梵澄文集》第 3 卷,上海三联书店、华东师范大学出版社 2006 年版,第 470 页。

(四) 注重哲学诠释学的注本

美国学者汤普森的译本则有着具有哲学诠释学视野的特点,这是其研究僧肇《肇论》中《般若无知论》一篇的博士论文附录,他充分吸收了前人成果,如罗宾逊所代表的神秘主义分析,对前人译本也多有评价。且汤普森译本发挥了伽达默尔诠释学的诸多思想,对如何理解般若概念,以及如何理解僧肇使用"狂言"的方式解释般若,乃至于对哲学诠释学本身的反思,对东方主义等西方哲学分析《肇论》作品可能带来的误解的分析。

(五) 注重精炼的注本

徐梵澄先生译本则有着精炼的特点。与上面基于专业性的学术研究的翻译不同,徐梵澄先生的翻译则建立在大众读物的定位基础上,故其翻译注重文句表达的精炼,这也是其诸多翻译作品的风格。但徐梵澄译本在汤普森看来非常糟糕,因为在他看来徐先生没有参考李华德与罗宾逊等人的研究成果,且汤氏认为徐先生的翻译连脚注、简单的介绍等内容也没有。[1] 但情况是这样吗?显然不是。

我们从徐梵澄先生评论李华德译本的内容中,可以看到徐先生译本是刻意所为,是其翻译的特色所在。徐梵澄先生在翻译前言里提到李华德先生于传统的翻译方式中加入了大量的脚注内容,这使得读者的阅读像"进入了一个荆棘丛",并戏称李华德先生在欧阳竟无先生那里学习了中国传统的体用思想[2],却没有合理地运用。

紧接着,徐梵澄先生便强调了他的翻译注重直截了当,注重可读性,

---

[1] John Mclaney Thompson, *Understanding Prajñā: Sengzhao's "Wild Words" and the Search for Wisdom*, Peter Lang Inc., p. 367.
[2] 徐梵澄:《徐梵澄文集》第3卷,上海三联书店、华东师范大学出版社2006年版,第414页。

具有对原文不增不减、不加修饰等特点①,且提出他的作品的读者群体绝大多数是普通读者,而非少数学者。正是注重绝大多数一般读者,以及注重翻译的简练、通俗易懂,徐梵澄先生译本没有采用大量注释,在形式上,仅仅对极少数专业名词、书本进行脚注注释,且译本中一页纸的两面分别是英文与中文,便于读者进行中英文比较。

三、《肇论》翻译的争议与古代注疏史分歧

《肇论》一文在中国佛教史上影响深远,其中最为重要的一点便是大家对《肇论》各篇题目的解读在历代不尽相同,有的甚至产生了巨大争议,如《物不迁论》《不真空论》。结合历史上的争议与《肇论》各个译本对这些充满争议性的题目的翻译,可以看到每个译本作者对《肇论》理解的不同视角,同时比较翻译内容也可以帮助我们更好地理解这些译本。

我们选择了几个译本对《肇论》中《物不迁论》《不真空论》文章题目的翻译,如下图,本文将分别就各篇在中国历史上的理解争议,以及这些译本作者的翻译差异来进行比较分析:

图1 《物不迁论》《不真空论》翻译举例

	李华德	罗宾逊	徐梵澄
物不迁论	On Time: Wu pu-ch'ien lun	Things Do Not Shift	On Things Unchanging
不真空论	On Śūnyatā: (Wu) pu chen-k'ung lun	Emptiness of the Non-Absolute	Unreal-Void

首先,就《物不迁论》而言,"肇公物不迁论,得空印之驳,而举世方知讨究"②。这些讨论的关键便是明代镇澄怀疑此论不合佛教大乘空义,他在《物不迁正量论》中使用因明的论证方式,得出了僧肇此论"宗似而

---

① 徐梵澄:《徐梵澄文集》第3卷,上海三联书店、华东师范大学出版社2006年版,第414页。
② [明]智旭:《灵峰宗论》,《大藏经补编》第23册,CBETA,2019年,第845页。

因非"①的结论,即宗旨与空宗相似但不符合,论据也有错误。而论战的核心便是僧肇所说"物不迁"到底是不动、静止、违背缘起的意思,还是当时明代诸僧所要阐发的涅槃佛性真常不动的意思,抑或是事物缘起不真实,故动静不真实,在不真实的层面说运动变化无有,所以称为"物不迁"的意思。

罗宾逊、徐梵澄的译本虽都为事物不动、不变的意思,但内容上却围绕着这种不真实的运动而言"物不迁",罗宾逊文中直言"从形式推理的角度来看,'物不迁'将对手的命题转化为困境,但只是呈现出两种困境,它们虽不符合龙树的假言三段论模型,但很正确"②。而在李华德的译本中,李华德试图比较中西的时间观而加入了时间概念,甚至在题解中分析了缘起性空的事物不迁概念,但其在翻译中却指出龙树与僧肇论证的不同,甚至认为这是对龙树的误读。③ 可以看到李华德与罗宾逊的翻译在一定程度上也体现了明代"物不迁论战"的内容。

其次,就《不真空论》的翻译而言,李华德以梵文、拉丁语转写以及中文音译为"On Śūnyatā:(Wu)pu chen-k'ung lun",认为此文是说"空",回避了《不真空论》理解与翻译可能带来的问题。而罗宾逊和徐梵澄先生的翻译则与古时《不真空论》的争议相近。如罗宾逊译为"Emptiness of the Non-Absolute",可以理解为"不绝对的空性",是以"不绝对"来形容"空性";徐梵澄先生则译为"Unreal-Void",可以理解为"不真实的空",是以"不真实"来形容"空性"。这样我们可以看到,李华德、罗宾逊、徐梵澄理解的标题出现了三层含义,分别是1. 空性,2. 不绝对的空性,3. 不真实的空性。

---

① [明]镇澄:《物不迁正量论》,《卍新纂续藏经》第54册,CBETA,2019年,第913页。
② Richard H. Robinson, *Early Madhyamika in India and China*, Madison: The University of Wisconsin Press, 1967, p. 154.
③ Walter Liebenthal, *Chao Lun: The Treatise of Seng-Chao*, Hong Kong: Hong Kong University Press, 1968, p. 53.

而反观《不真空论》注疏史上对此文题目的理解,如唐代元康疏中载:"有人云:真者是有,空者是无。言不真空,即明不有不无中道义也,此是为蛇画足,非得意也。"①元康认为当时流行的不真、不空的解释,即事物不真有、不空无,这种观点是错误的。元康进而提出:"诸法虚假,故曰不真。虚假不真,所以是空耳。"②即事物不真实所以称为空性。可以看到元康批判的理解与上文译本中的2、3翻译近似,而元康自身的观点则和李华德译本近似。

总之,通过上述各个译本翻译体例的不同,以及各个译本对《肇论》文本的选择、篇目的排序、底本的选择以及注疏本的对勘、各个译本的不同特色、翻译过程中所体现的争议等等,可以看到,国内外译者在进行翻译时候所呈现的差异,不仅体现了翻译的困难,实则也呈现了翻译本身多元化创造的特点,正如伽达默尔所说:"语言就是理解本身得以进行的普遍媒介,理解进行的方式就是解释。"③译者进行理解并翻译的过程,实则很大程度上也是一种解释创造的过程,而这些都影响了译者对文献的使用。

同时,徐梵澄先生译本精炼的特点,及其面对广大普通读者的特点,较之其他译本又体现了翻译的两种面向,一种是学术性的翻译,一种是大众读物的翻译,前者针对的是特殊的少数群体,而后者则面对的是广大民众,应当说,中国经典的外译应该同时考虑这两者。

---

① [唐]元康:《肇论疏》,《大正藏》第45册,CBETA,2019年,第170页。
② [唐]元康:《肇论疏》,《大正藏》第45册,CBETA,2019年,第170页。
③ [德]伽达默尔:《真理与方法》下卷,洪汉鼎译,上海译文出版社2004年版,第502页。

参考文献

1. 太虚:《〈肇论〉四句偈解》,《燹社丛刊》1915 年第 2 期。
2. 邱敏捷:《〈宗本义〉与〈涅槃无名论〉的作者问题》,《佛学研究中心学报》2003 年第 8 期。
3. 邹艳:《佛教影响下的唐宋民众孝亲行为》,《宋代文化研究》第 18 辑,四川文艺出版社 2010 年版。
4. 覃江:《元康〈肇论疏〉对僧肇佛学思想的经学还原》,《中华文化论坛》2015 年第 6 期。
5. 杨本华:《〈肇论·涅槃无名论〉伪书说考辨》,《中国佛学》2021 年第 2 期。
6. Richard H. Robinson, *Early Madhyamika in India and China*, Madison: The University of Wisconsin Press, 1967.

(责任编辑:吴 华)

学术综述

近十年《尚书》研究综述

程兴丽*

摘要：《尚书》乃我国上古治政之大典，历来是学界研究的热点。近十年来，学界在前贤研究的基础之上，继续多角度、多层次地深化对《尚书》的研究，成果丰富，成就显著，主要表现为五个方面：研究角度丰富，成果丰赡；断代史研究纵深化；出土文献为《尚书》研究提供了新的材料和角度；域外《尚书》学文献研究呈新兴之势；专人专书研究成新的热点。由此可见，学界对《尚书》的本体研究及与《尚书》相关的学术问题的研究渐次展开并逐步深入。

关键词：《尚书》研究　近十年　综述

《尚书》作为我国最古老的文化典籍之一，历来都是学界研究的重点。近十年来，《尚书》学研究成果丰赡，涵盖了经学、哲学、文学、文体学、语言学、文献学、传播学等各个方面，除传统经学研究所关注的《尚书》的译注、训诂、考辨等方面之外，域外《尚书》学文献及专人专书的研究也呈新兴之势。

---

* 程兴丽，四川大学古籍整理研究所博士后，陕西理工大学文学院副教授，主要从事中国经学、《尚书》学研究。

一、研究角度丰富，成果丰赡

近十年,学界关于《尚书》的研究继踵前贤,在继续深化前人研究的基础上,也呈现出了新的特点,研究角度进一步丰富,基本上囊括诸如语言、训诂、思想、文学、文献、价值研究等方方面面。

因为《尚书》佶屈聱牙,颇为难懂,所以《尚书》注释性著述由古至今都为治《书》的立基之根,近十年来也涌现出了一批注解《尚书》的专著,其中有集注性质的尤韶华所著之《归善斋〈尚书〉章句集解》(共八种,2014年起由社科文献出版社陆续出版,至今未全部完成);有侧重于传统注释的,如程水金《尚书释读》(人民文学出版社,2020年)、屈万里《尚书今注今译》(上海辞书出版社,2021年)、钱宗武解读《尚书》(国家图书馆出版社,2017年)等,诸书各具特色,各有侧重,都为《尚书》的阅读和研究提供了重要的参考。除了这些《尚书》训诂专著之外,近十年来在前人研究的基础之上,学界从语言学角度继续加深对于《尚书》经文的疏通与研究,成果数量非常可观,有的侧重于对字义的考辨,如高嶋谦一《甲骨文、金文与〈尚书〉中"其""氒/厥"之辨略》(《扬州大学学报》2016年第6期);有的侧重于对词汇的探究,如程水金《〈尚书〉"予不惟""予不惠""予不允"文例释义——兼与裘锡圭先生商榷》(《南昌大学学报》2020年第4期);有的专注于对语法的研究,如《〈书〉经文献价值认定的文法学方法——兼论今文〈书〉经的文法特点》(《传统中国研究集刊》2012年第9、10合辑),这些成果不仅从不同角度深化了《尚书》的语言本体研究,而且为《尚书》相关学术问题的考辨奠定了坚实的基础。

学界关于《尚书》思想的研究大概可以分为两大类:其一为从总体上对《尚书》思想进行研究,如张华《〈洪范〉与先秦思想》(吉林大学博士学位论文,2011年)全面系统地梳理了《尚书·洪范》与先秦诸子思想之关系,基本上涵盖了《尚书》思想的诸多方面。然这一视角目前成果较少,学界更多关注《尚书》中所体现出来的某一具体思想的研究,主要集中于政治、教育、历史、刑法、农业、天命等几个方面,其中尤以政治思想最为核心,成果也最多,其中包括一系列硕士学位论文和期刊论文,为《尚书》思想研究的进一步完备和深化做出了积极的探索和尝试。

《尚书》文学研究也一直受到学界关注,近十年《尚书》文学研究主要集中于文学、文体及文论三个方面。就文学研究而言,学界较多措意于《尚书》的叙事、记言、人物、影响与接受等方面,从多角度呈现了《尚书》在文学方面的特色及其价值与影响。如傅道彬《〈尚书〉与早期中国文学的宏大叙事》(《北方论丛》2019 年第 5 期)一文将《尚书》置于中国叙事文学长河之中,考察了《尚书》在叙事态度、叙事对象、叙事结局等方面的特点,由此呈现了《尚书》在叙事方面崇高的美学追求,为人们在文献考辨、经学思想探究之外再认识《尚书》的文艺美学做出了重要的贡献。就《尚书》文体研究而言,大致有宏观观照和具体研究两条理路,齐头并进,各有成就。其中傅道彬《"〈书〉文似礼"与〈尚书〉"六体"的文学性书写》(《文学遗产》2020 年第 4 期)一文从礼体决定文体的角度观照了《尚书》文体的分类及其在表演、修辞、语言等方面体现出来的具体特色,将学界关于《尚书》文体学的研究推到了一个新的高度。赵敏俐《〈尧典〉何以为"典"——兼论中国早期文化记忆与经典的书写》(《文学评论》2021 年第 4 期)一文对学界近代以来关于《尧典》研究的成就及困境进行了梳理,借助考古史料,验证了《尧典》并非神话,而是源自尧舜时代的文化记忆,是在文化记忆基础上形成的中华文化经典,且《尧典》在经典化过程中不断被充实改编,由此奠定了它在我国文化史上深远的影响。学界对《尚书》文学及相关问题的研究,除了关注文学及文体之外,尚有零星论文从文论的角度对《尚书》进行了初步探讨,虽然成果不多,但某些论文却具有重要的启示意义,如胡大雷《〈尚书〉"笔"体考述——最早的书面文字与"文笔之辨"溯源》(《广西师范大学学报》(哲学社会科学版)2012年第5期),该文对《尚书》中的"笔"体文进行了分类考辨,在考辨的基础之上突出了《尚书》之"笔"体对后世"文笔之辨"的启发作用。

此外,《尚书》文献学研究成果也颇为可观,其中有对《尚书》版本、流传、成书时代及相关学术问题的整理与研究,有对后世典籍的引《书》考辨,有异文校勘,也有石经《尚书》研究,角度各异,各有所得,共同推进了《尚书》的本体研究。

二、断代史研究纵深化

20世纪以来,《尚书》学术史的研究已经全面展开,大作频出,成就斐然,但主要集中于通史的研究,断代史关注不够。进入21世纪后,断代史研究终于呈兴盛之势,且成果颇丰。如王乐慧《春秋〈书〉学研究》(曲阜师范大学硕士学位论文,2016)、钟云瑞《战国〈尚书〉学研究》(曲阜师范大学硕士学位论文,2016年)、马士远《两汉〈尚书〉学研究》(中国社会科学出版社,2014年)、程兴丽《魏晋南北朝〈尚书〉学研究》(扬州大学博士学位论文,2012年)、赵晓东《隋唐〈尚书〉学研究》(扬州大学博士学位论文,2015年)、黄洪明《宋代〈尚书〉学》(暨南大学硕士学位论文,2006年)、张建民《宋代〈尚书〉学研究》(西北大学博士学位论文,2009年)、陈良中《宋代〈尚书〉学研究》(2008年国家社科基金项目)、《元明〈尚书〉学研究》(2016年国家社科基金项目)、李霞《明代〈尚书〉学文献研究》(山东大学硕士学位论文,2013年)、史振卿《清代〈尚书〉学若干问题研究》(华中师范大学博士学位论文,2011年)、刘德州《晚清〈尚书〉学研究》(中国社会科学出版社,2021年),这些研究基本上以历史为线索,以时代思潮为基础,对某一时期的《尚书》学文献进行了系统的材料辑佚、分析及考辨,并在此基础上对各个时期独特的《尚书》学术问题及学术思潮进行了深入的阐述和探讨。

除了专著、学位论文之外,关于《尚书》学断代史研究的期刊论文也不容忽视,由周秦到晚清,遍及历代,其中宋、清两代《尚书》学研究相关问题是学界历来关注的热点。就宋代《尚书》学研究而言,有的从总体上对宋代《尚书》学作反思,如刘世明《宋代〈尚书〉学的偏失和创获》(《宋史研究论丛》2015年第2期),该文从宏观上论及宋代《尚书》学研究的偏失及创获,就其偏失而言,主要体现在:宋儒多以己意论《书》,臆断文义、妄测古字,遂意删改经文,使《尚书》文本面目全非;宋儒在阐释《尚书》时亦掺入庄老思想、象数等概念,致使宋代解《书》渐趋空疏。然宋儒解《书》亦有创获:他们将《书》视作求心之书,借之以明圣王之志、救世道人心,充分凸显了人的情感意识与主体精神;宋儒借《尚书》汇聚大量史料,并将其应用于现实生活之中。总体而言,刘世明认为,宋儒解《书》虽有空疏不实、主观臆断等缺点,但其治《书》所体现出来的经世致用之学,借治《书》而成的搜罗辑佚之功,无不为后世学人指明了方向,提供了便利。有的专注于具体问题的探究,如向世陵《宋儒的"本之经文"以证经——以胡宏等辨〈尚书〉经文错简为例》(《孔子研究》2019年第1期)从宏观层面认为宋儒对《尚书》相关经文错简的考辨并不都是主观妄断的,相反他们提出了充分的理由。显然,对宋明儒者解经释经不该一概而论,应基于具体情况,将其置于特定时代背景、学术思潮之下进行客观分析,方可做出公允之评判。

就清代《尚书》学研究而言,亦有从总体观照有清一代《尚书》研究的,如史振卿《经学视域下的清代〈尚书〉学研究概况》(《儒藏论坛》第7辑,四川大学出版社,2014年)对有清一代《尚书》学的研究作纵向梳理,总体上表现为三大阶段:清初,《尚书》学者们在史料辨伪中探寻《尚书》的经学价值;乾嘉时期,在"故训明则古经明,古经明则贤人圣人之理义明"的思想指导下,《尚书》学在考辨的路径下,转向对经学"道"的诉求;嘉庆、道光以来,学者更注重对以《尚书》为代表的经典重新进行诠释,以迎合西方新知的涌入。此外,史振卿还发掘到出土文献研究与清代《尚书》学研究之关系。亦有从微观角度阐释清代经学家治《书》之特色的研究,如刘德州《清儒以史法、史例治〈尚书〉析论》(《中南大学学报》(社会科学版)2017年第6期),该文将研究视角置于清代学者治《尚书》的方法论问题,对于学界一直以来关于以史法、史例治《尚书》的聚讼纷纭,作者认为虽然清儒以史法、史例治《尚书》多为先入之见、附会之谈,但它们依然是清代《尚书》学的有机组成部分,也是《尚书》解经的重要方法之一,作为沟通经史的一种视角,自有其学术意义存在,而不应被湮灭无闻。刘德州这篇论文措意于清代被经学家视为乖离正途的治《书》方法,对其面貌、脉络、价值作客观探讨,有利于完善有清一代《尚书》学史研究,也有助于读者了解清代《尚书》学研究概貌。此外,还有关注《尚书》单篇研究者,如孔祥军《试论清代学者〈禹贡〉研究之总成绩》(《清史研究》2012年第1期),该文以《尚书》之《禹贡》篇为研究对象,对有清一代研究《禹贡》的学者及其著述进行了详细的梳理及分类:注疏型、集解型、辑注型、专论型、泛说型,并归纳了这些著述的总体特征:就内容而言,它们重在厘定经文文本、辨析地理方位、深考释诂音训、研讨经文大义;就其研究方法而言,有排比文献、援经证经、考辨同名异地、详析矛盾抵牾,辅以实地目验考察、参考域外纪行,从而将《禹贡》研究推进到一个新的高度。该文于从事《禹贡》研究乃至清代经学研究的学者颇具指引之功。

三、 出土文献为《尚书》研究提供新的材料和角度

近十年,出土文献与《尚书》研究主要集中于辨伪、文本释读和学术问题考辨三个方面,具论如下。

（一）出土文献与辨伪

伪古文《尚书》辨伪已历漫漫一千余年，新出土的材料为学者们提供了与古文《尚书》辨伪相关的新材料和新视角，对此，见仁见智，众见纷纭。

有借出土文献证《古文尚书》之伪者，如陈民镇《清华简与〈尚书〉文体的再认识——兼论晚书辨伪》（《江西社会科学》2021 年第 5 期）即通过清华大学藏出土战国楚简中与今本《尚书》相关篇章的比较研究，进而为证晚书之伪提供依据。程薇《由〈傅说之命〉反思伪古文〈尚书·说命〉篇》（《中国社会科学报》2014 年 2 月 26 日）、《传世古文尚书〈说命〉篇重审——以清华简〈傅说之命〉为中心》（《中原文化研究》2015 年第 1 期），二文虽一详尽，一概述，然都通过清华简《傅说之命》进而考证了今传《说命》乃后人对先秦、秦汉文献中有关傅说的各种材料搜集、整理、编写、创作而成，亦借清华简《傅说之命》证伪今传本《说命》。

有借出土文献以证《古文尚书》之真者，如杨善群《清华简〈说命〉性质探讨》（《青海师范大学学报》（哲学社会科学版）2017 年第 4 期）、《清华简〈尹诰〉引发古文〈尚书〉真伪之争——〈咸有一德〉篇名、时代与体例辨析》（《学习与探索》2012 年第 9 期），通过这两篇文章，杨善群分别论证了今传本《说命》和《咸有一德》之真，他认为今传本《说命》三篇是珍贵的真古文献，而清华简《说命》三篇则是战国时人根据某些传说资料而编造的游戏之作，《咸有一德》是在孔壁中发现，经过长期"藏于秘府"或在民间流传，至东晋初由梅赜上献的真古文献。黄怀信《由清华简〈尹诰〉看〈古文尚书〉》（《鲁东大学学报》（哲学社会科学版）2012 年第 6 期）一文以语言学为角度，对清华简《尹诰》和今传本《咸有一德》进行了比较释读，进而论证了今传本《咸有一德》产生的时代不会晚于简书所出之公元前 305±30 年，因此其不可能是魏晋人所伪造，二本之差异只能说明古书流传的过程中，文字产生了变异。

亦有持中立态度者,如李锐《〈金縢〉初探》(《史学史研究》2011年第2期)一文将清华简与传世本《金縢》进行比较研究,认为传世本与竹简本《金縢》乃同源异流的关系,之所以出现异文实乃流传过程中更改所致。张兵《清华简〈尹诰〉与〈咸有一德〉相关文献梳理及其关系考论》(《济南大学学报》(社会科学版)2016年第1期)认为清华简《尹诰》和今传本《咸有一德》没有关系,故其不能为今传本《咸有一德》之伪提供有力佐证。贾学鸿《清华简的文章体式与传世古文〈尚书〉的真实性》(《江汉论坛》2019年第2期)一文通过对清华简《尚书》类文献的解读,某种程度上质疑阎若璩辨伪的思路和证据,进而认为清华简中某些与传世本相关的《尚书》篇章,应该是不同的流传版本,借此以证古文《尚书》之伪理由不够充分。

(二) 出土文献与《尚书》文本释读

这类研究主要借助语言学、文字学等研究方法对出土文献中与《尚书》相关的内容进行释读,有学位论文:王英《甲骨文和〈尚书·商书〉比较研究》(西南大学硕士学位论文,2012年)、马晓稳《出土战国文献〈尚书〉文字辑证》(安徽大学硕士学位论文,2012年)、赵朝阳《出土文献与〈尚书〉校读》(吉林大学硕士学位论文,2018年),其中,马晓稳的论文以今传本《尚书》文字做参考,力求恢复楚简《尚书》原貌,并为《尚书》今古文问题的争论提供新的思考。亦有期刊论文,如马楠《楚简与〈尚书〉互证校释四则》(《出土文献》2011年)、陈良武《"清华简〈耆夜〉与〈西伯戡黎〉"》(《兰台世界》2012年第9期)、蔡伟《〈尚书·顾命〉"今天降疾殆弗兴弗悟"的断句问题——兼释上博五〈三德〉之"天乃降綜"》(《简帛》2017年第1期)、邓佩玲《〈尚书·尧典〉"析因夷隩"与出土文献新证》(《古文字研究》2020年)、王坤鹏《利用出土文献校释〈尚书〉三则》(《管子学刊》2021年第3期)等,均以出土文献为依据,将其与《尚书》相关内容对读,对《尚书》文本的校释及相关问题的探讨做出了积极的探索,如陈良武一文通过清华简《耆夜》对学界"武王戡黎"的说法提供了材料支撑,进而突出出土文献对《尚书》学研究的重大意义。

(三)出土文献与《尚书》及相关学术问题的研究

《尚书》文本佶屈聱牙,版本系统复杂,因此与《尚书》相关的学术问题最为繁复,近十年,学界在借用新出土文献的基础上,对《尚书》相关学术问题进行了进一步的探究。如李学勤《清华简与〈尚书〉〈逸周书〉的研究》(《史学史研究》2011年第2期)、刘国忠《从清华简〈金縢〉看传世本〈金縢〉的文本问题》(《清华大学学报》(哲学社会科学版)2011年第4期)、程元敏《清华楚简本〈尚书·金縢篇〉评判》(《传统中国研究集刊》2012年9、10合辑)、虞万里《由清华简〈尹诰〉论〈古文尚书·咸有一德〉之性质》(《史林》2012年第2期)、崔海鹰《出土文献引〈书〉与〈古文尚书〉》(《光明日报》2014年4月8日)、晁福林《从清华简〈说命〉看〈尚书〉学史的一桩公案》(《人文杂志》2015年第2期)、魏慈德《楚地出土战国书籍抄本与传世文献同源异本关系试探——以与〈尚书〉有关的篇章为主》(《出土文献》2016年第2期)、腾兴建《清华简与〈书序〉研究》(《孔子研究》2017年第4期)、许建平《丝路出土〈尚书〉写本与中古〈尚书〉学》(《敦煌学辑刊》2018年第2期、刘光胜《清华简与〈尚书〉学史重写》(《中国社会科学报》2021年1月19日)。其中李学勤先生《清华简与〈尚书〉〈逸周书〉的研究》一文论及了孔子与《尚书》之关系、清华简与古文《尚书》辨伪、清华简对《逸周书》研究的意义等几个方面的问题。程元敏先生于其《清华楚简本〈尚书·金縢篇〉评判》文中将清华简《金縢》与今传《金縢》进行详细比对,发现清华简本《金縢》或增减,或变更原典文字,有昧于古史,妄改年岁,亦有删削原典经文,致使原典相关主旨晦暗难明,故而认为清华简本《金縢》劣于今本。然其亦多存古字古义,于治《尚书》小学者有校雠之功。虞万里《由清华简〈尹诰〉论〈古文尚书·咸有一德〉之性质》将清华简《尹诰》与今传本《咸有一德》在字句、文意方面进行了详细的梳理,进而认为今传本《咸有一德》可能是孔安国所作或其口授而为嫡传弟子记录的《尹诰》之传。魏慈德《楚地出土战国书籍抄本与传世文献同源异本关系试探——以与〈尚书〉有关的篇章为主》一文以《尚书》为中心,全面梳理了《郭店楚墓竹简》《上海博物馆藏战国楚竹书》等楚地出土战国竹简与今传本《尚书》之异同,从而得出了楚地出土之战国书籍抄本与传世文献之关系为同源异本之观点。显然,出土文献为传世文献的研究确实提供了新的材料,开拓了新的视角。腾兴建《清华简与〈书序〉研究》一文通过清华简及相关传世文献考证可知,《书序》的成书年代在公元前289年到前213年之间,所以它既不是孔子所作,也非刘歆等人伪作,作者进一步蠡测《书序》乃这一时期的儒家后学托名孔子所作,为纷扰几千年的《书序》作者问题提出了新的见解和新的思路。

出土文献对于古书的反思,对《古文尚书》相关问题的研究提供了新的材料佐证和依据,对此,学界便借用出土文献,对与《尚书》相关的学术问题展开了深入的论述,如《尚书》的起源、《尚书》的版本及流传、《书序》研究、《尚书》辨伪、今传本《尚书》与战国竹简之关系、《尚书》的篇名与序次、《尚书》的体裁与分类等,基本上涵盖了《尚书》学史上的重要公案,不论是对于旧有观点的深化,还是对新观点的支撑,都做出了不可磨灭的贡献。

四、域外《尚书》学文献研究呈新兴之势

域外《尚书》学研究近十年来呈兴盛之势,成果丰富。专著主要有:理雅各英译,周秉均今译《尚书》(湖南人民出版社,2013年)、理雅各译

释《尚书·唐书 夏书 商书》《尚书·周书》(上海三联书店,2014年)、钱宗武主编《〈尚书〉学文献集成·朝鲜卷》(凤凰出版社,2019年)。其中《〈尚书〉学文献集成·朝鲜卷》是由《尚书》学研究专家钱宗武先生主编,书中辑录了朝鲜时代学者用汉文撰写的《尚书》学文献,其中收录著作33部,单篇文章100篇,诗歌24首,涵盖了大约从14世纪中期至19世纪中期朝鲜学者研究《尚书》的相关文献。这是我国学者第一次对朝鲜时期《尚书》学文献进行全面收集、点校及整理,为《尚书》学研究提供了坚实的文本支撑,也对《尚书》学史、经学史乃至于域外汉籍研究产生了深远影响。

除专著之外,学界尚且从《尚书》翻译、《尚书》传播、专人专书及与《尚书》相关的学术问题几个方面对域外《尚书》学展开研究。

扬州大学近十年围绕域外《尚书》翻译展开了系统研究,产出了数量可观的学位论文:葛厚伟《基于语料库的〈尚书〉译者风格研究》(博士学位论文,2019年)倾向于通过语料的对比深入阐释理雅各、高本汉、彭马田和杜瑞清四位代表性《尚书》译者的翻译风格;沈思芹《汉学史视野中的西方〈尚书〉英译研究》(博士学位论文,2020年)将宏大背景与个案研究相结合,全方位呈现了17世纪到当代《尚书》英译的全貌,其对于西方《尚书》翻译史的梳理,是研究《尚书》乃至古代典籍在西方传播的重要的文献凭借;崔卉《基于图式理论的理雅各〈尚书〉翻译策略研究——兼与杜译本、罗译本比较》(2012年)、张娴《深度翻译在学术性著作中的应用——以理雅各〈尚书〉译本"绪论"的汉译为例》(2014年)、严汪霞《理雅各〈尚书〉"深度翻译"研究——以〈洪范〉篇为例》(2016年)、姚瑶《赖斯文本类型理论指导下的理雅各〈尚书〉回译报告》(2018年)、张妍《泰特勒三原则指导下的理雅各〈尚书〉回译报告》(2018年)、姚霞《纽马克翻译理论视域下的理雅各〈尚书〉官职名称英译研究》(2020年),这些硕士论文则就具体译者来探讨具体译本或翻译问题。除了扬州大学这一

《尚书》研究的重镇之外,尚有别的学校亦关注域外《尚书》研究,如林风《〈尚书〉四译本比较研究》(福建师范大学硕士学位论文,2012年)、伍雨晴《译者主体性视域下〈尚书〉两英译本比较研究》(湖南工业大学硕士学位论文,2020年),都是比较视域之下的《尚书》翻译研究,其中林风的论文对英国传教士理雅各、瑞典汉学家高本汉、英国传教士麦都思和中国当代翻译家罗志野的《尚书》译本进行了多方位的比较研究。

除了学位论文,期刊论文成果也颇为引人注目。如刘立壹《经学、史学、东方学:19世纪英文汉学期刊对〈尚书〉的译介》(《复旦外国语言文学论丛》2019年第1期)一文对19世纪英文汉学期刊关于《尚书》译介的论文进行详细梳理,从而发现19世纪前期《尚书》译介倾向于以史学消解经学,而后期则把《尚书》译介纳入了东方学视野,但两种倾向又都体现着浓厚的西方学术的渗透。沈思芹、钱宗武《本体诠释学视角下的西方〈尚书〉英译研究》(《湖南师范大学社会科学学报》2019年第5期)运用诠释学理论对西方《尚书》英译代表性人物如麦都思、理雅各、欧德、高本汉、彭马田等人《尚书》译本中所体现出来的诠释特征进行了系统阐述。该文为汉学、典籍翻译等研究提供了理论与实践资料,也为中国文化话语体系的建构与传播提供了思考。

总体而言,《尚书》的翻译研究主要集中于翻译策略、译本研究、评介等几个方面,在研究过程中,学者们运用了非常丰富的研究方法,以梳理《尚书》译本为基础,在此基础上进一步挖掘其所呈现出来的翻译策略,并力图呈现译本及翻译策略中所蕴含的学术取向,极大地推动了域外《尚书》学的研究。

运用传播学理论对域外《尚书》进行研究是近十年来《尚书》研究的又一亮点和重点。俄罗斯马约罗夫《〈尚书〉在俄罗斯的传播述论》(《扬州大学学报》(人文社会科学版)2017年第2期)对自18世纪下半叶以来《尚书》在俄罗斯的传播历程做了详尽的梳理,对每一个阶段代表性人物及代表性著述的主要情况、学术观点、价值地位等都做了宏观概括,为我们了解俄罗斯《尚书》传播及研究情况提供了难能可贵的文献材料。金京爱《〈尚书〉在日本的接受、传播与研究史述》(《文教资料》2019 年第 6 期)一文梳理了《尚书》在日本的传播史,为《尚书》乃至经典的域外传播研究提供了重要的参考。刘国敏《17—20 世纪初法国的〈尚书〉研究》(《学术研究》2021 年第 4 期)运用传播学相关理论,详尽梳理了《尚书》在 17 到 20 世纪初法国的研究概况,并着重阐释了这一时期由于研究主体、研究动机及文化语境的不同所导致的《尚书》研究的不同特征,进而凸显了这一时期法国《尚书》学研究对于中外文化交流的启示意义。马莉《法国重农学派对〈尚书〉的传播》(《国际汉学》2021 年第 1 期)以 18 世纪法国重农学派官方刊物《公民报》所刊的《尚书》8 篇书评为依据,论述了法国重农学派《尚书》传播的概况、传播原因及传播策略,并进一步强调他们之所以有选择地摘录传播《尚书》,并不仅仅为了传播文化典籍,更重要的是将《尚书》相关内容作为其政治经济学思想的重要组成部分。

除了翻译和传播研究之外,学界亦对域外《尚书》所关涉的《尚书》相关学术问题进行了探讨。刘世明《韩国李朝时期的〈尚书〉学研究》(山西大学博士学位论文,2013 年)一文从宏观背景下概述了程朱理学对李朝《尚书》学所产生的影响,进而从具体入手,结合个案研究,阐释了李朝《尚书》学研究的特色及其影响因素,是学界了解并系统深入研究朝鲜《尚书》学必不可少的参考资料。沈芳《〈尚书正义定本〉研究》(山东大学硕士学位论文,2018 年)着重对昭和十四年(1939)日本东方文化研究所经学文学部所刊行的《尚书正义定本》一书的校勘进行了系统研究,呈现其校勘的主要方法、校勘原则,客观评价其校勘成就与不足,不论是对于《尚书正义》的研究,还是对于日本《尚书》学乃至经学的研究都意义非凡。李丹阳《白鸟库吉、内藤湖南、顾颉刚疑古史学比较研究——以〈尚书·尧典〉研究为中心》(东北师范大学硕士学位论文,2021 年)一文以《尚书·尧典》为中心,分析了近代中日疑古思潮中最具有代表性的三位学者——白鸟库吉、内藤湖南和顾颉刚所体现出来的疑古史学的学术关联和思想特点。此外,学界尚有相当数量的论文主要通过文献学研究方法论及《尚书》的版本、《尚书》的编纂、《尚书》研究方法以及《尚书》学史诸问题,如朱岩《朝鲜"实学〈尚书〉学"文献述评》(《图书馆杂志》2018 年第 12 期)一文对与朝鲜实学密切相关的《尚书》学著述做了简要概述,并着重阐释了朝鲜实学《尚书》学文献的价值,为学者了解朝鲜《尚书》学研究概况、进行深入且系统的朝鲜《尚书》学研究提供了便利。许松《由〈书经讲义〉看朝鲜王朝正祖君臣治〈书〉之特点》(《陕西理工大学学报》(社会科学版)2021 年第 3 期)则通过比较分析,系统阐述了正祖时期解《书》的思想,并初步论述了这些思想与中国《尚书》学史思潮之间的关系。总体而言,这些成果对于域外《尚书》学术史研究的推进意义重大。

最后,学界还较多关注朝鲜《尚书》专人专书的研究,且主要运用语言学相关方法探讨朝鲜《尚书》学的训诂特色及成就。

近十年学界对域外《尚书》学开展了多角度、多层面、全面化、纵深化的研究,成果非常丰富,且以西方英译本及朝鲜为两大研究重点,其中又以英译本为热点。相较而言,日本《尚书》学研究只有一篇学位论文和三篇期刊论文。此外,目前域外《尚书》学的研究还主要停留在对文本本身的整理和阐释,而对于这些文本所折射的学术史方面问题的探讨尚有不足。显然,域外《尚书》学研究尚待进一步展开。

五、专人专书研究成新的热点

《尚书》学史的专人专书研究历来是学界研究的热点,近十年来更趋完备,由先秦至清代,再到现当代的专人专书都是学者关注的对象。从数量上而言，以宋代和明清的专人专书研究成果最为丰富，影响最为深远，先秦、两汉、魏晋南北朝、隋唐和近现代的研究成果相对较少。

宋代《尚书》学专人专书研究成果非常丰富，基本上涵盖了宋代研读《尚书》的所有学者，诸如二程、朱子、蔡沈、王安石、林之奇、吕祖谦、苏轼等等，研究视角与研究方法也各有侧重，且各有所获。有侧重于文献辑佚与考辨者，如陈良中《王安石〈尚书新义〉辑补》（《重庆文理学院学报》（社会科学版）2011年第1期）、《张纲〈书〉学资料辑佚及价值研究》（《重庆师范大学学报》（社会科学版）2012年第4期）、王小红《林之奇、吕祖谦〈尚书〉学著作考述》（《宋代文化研究》第20辑，四川大学出版社，2013年）；有侧重于研究训诂者，如刘景《蔡沈〈书集传〉训诂研究》（扬州大学硕士学位论文，2011年）、胡继明《论蔡沈〈书经集传〉的训诂学价值》（《西南大学学报》（社会科学版）2012年第6期）；有侧重于诠释研究者，如张楠《〈书集传〉诠释话语权研究》（扬州大学硕士学位论文，2018年）、胡金旺《王安石〈尚书新义〉的诠释特性——以其哲学思想为视角》（《南昌大学学报》（人文社会科学版）2011年第5期）、《苏轼与王安石在〈尚书〉诠释上的分歧——以他们的哲学思想为视角》（《兰州学刊》2012年第2期）、尉利工《论朱子的〈尚书〉学诠释思想》（《孔子研究》2013年第6期）；有偏重义理考据者，如陈良中《杨简〈尚书〉学研究》（《孔子研究》2014年第5期）、曾令巍《〈尚书〉格心思想在朱子学中的逻辑演进》（《中国哲学史》2018年第2期）、陈良中《黄度〈尚书说〉研究》（《历史文献研究》2019年第1期）等，其中《杨简〈尚书〉学研究》一文对杨简《五诰解》的训诂及义理阐释做了系统完备的梳理，借此体现杨简《尚书》学之特点：其借解《书》批驳《孔传》，阐发"道心不动于意""心本静""三才一贯"的心学思想，提出了"不起意"静悟本心的修养方法，以此反对程朱一派道心人心之人性论及格物致知之修养论，显然，杨简《五诰解》对于学人辨析时代思潮的论证大有借鉴。亦有综合各种研究方法进行本体及义理研究者,如陈良中《朱子〈尚书〉学研究》(人民出版社,2013年),该书采用文献学研究方法,竭泽而渔地辑录了朱子《尚书》学研究的材料,并对这些材料进行了详尽的分类,在此基础上,结合宋代学术思潮及宋代经学史,对这些材料中所体现出来的朱熹的治经、治《书》思想进行了深刻的论述,是目前学界关于朱子《尚书》学研究最为完备、最为系统的著述,有着极强的理论意义和现实意义。

总体而言,近十年宋代《尚书》学专人专书研究取得了非常大的成就,由北宋到南宋,再到宋元之际的《尚书》学者及其著述都成为学界关注的焦点,而学界对他们的研究也渗透到方方面面,或侧重于材料的辑佚,或侧重于对经学阐释的探讨,或侧重于对宋儒义理的阐发,或侧重于《尚书》学史公案的梳理,或将其人其书置于学术史背景之下,力图呈现其脉络,探讨其影响。由此,目前宋代《尚书》学研究确实已呈现出完备、系统且深入的特点。宋代《尚书》学与其理学之大盛有着千丝万缕的联系,故学界关于宋代《尚书》学专人专书研究的逐步展开,继续深入,一方面促进了宋代《尚书》学研究的系统化,另一方面,为宋代理学思想的研究提供了《尚书》相关文献的支撑,功不可没。

清代是近十年《尚书》学专人专书研究的又一重中之重,清初以王船山《尚书》学研究为重点,其中又以王船山《尚书引义》为核心:陈明《王船山〈尚书引义〉之德性论与治道思想》(中国社会科学出版社,2016年)对《尚书引义》中所体现出来的王船山的德性论和治道思想进行了系统研究。此外,陈明还围绕《尚书引义》发表了系列论文,继续深化了对王船山相关哲学思想体系的研究。除陈明外,关于王船山《尚书引义》的研究尚有:王宇丰《王船山的实有精神——以〈尚书引义〉中对"诚"的阐发为例》(《孔子研究》2016年第4期)、胡金旺《王船山〈尚书引义〉中的君臣观》(《原道》2019年第1期)、冯钰婕《王船山〈尚书引义〉中的教化思想探析》(《船山学刊》2020年第5期)等,其中王宇丰一文着重从《尚书引义》中王船山对"诚"字阐发的实有义、公有义及固有义几个方面,凸显了王船山坚定的儒家价值立场和强烈的实有精神。除此之外,学界尚有两篇学位论文研究王夫之《尚书引义》:杨柳岸《王夫之〈尚书引义〉研究》(武汉大学博士学位论文,2016年)、周轩宇《王夫之〈尚书引义〉中的人格美思想研究》(山东师范大学硕士学位论文,2021年),分别关注到了《尚书引义》的哲学及文艺学思想。总体而言,学界关于王船山《尚书》学研究主要集中于对《尚书引义》中哲学思想的探讨。

清代《尚书》学专人专书研究的又一重镇为乾嘉考据学者,其中以阎若璩研究为重点。学界对阎若璩《尚书》研究的贡献基本持三种态度。其一为赞其功者:如赵玉《试论阎若璩的文献成就》(曲阜师范大学硕士学位论文,2011年)、杨青华《论阎若璩〈尚书古文疏证〉的学术史影响及意义——从清华简〈尚书〉类文献谈起》(《汉籍与汉学》2018年第1期),后一文运用出土清华简中的《尚书》类文献,对阎若璩《尚书古文疏证》在乾嘉学派的影响、《尚书》学史的研究、清末民初学术思潮以及辨伪学史研究等方面的价值进行了新的肯定,对学界某些全面否定阎氏其作其功之研究进行质疑,并强调阎若璩《尚书古文疏证》的学术史价值和意义不容抹杀。其一为驳其理者:杨善群撰有系列论文,通过详密的材料梳理及考辨,呈现了阎若璩所采用的八种不正当的辨伪方法,主要有二难推理、吹毛求疵、虚张声势、颠倒先后、厚今薄古、主观武断等,进而为古文《尚书》的证真奠定基础。其一为挣脱辨伪之藩篱,探究阎若璩对学术史的影响者:如王新杰《清初经典考据下的学理之辨——以阎若璩〈尚书古文疏证〉为中心》(《上饶师范学院学报》2021年第2期)一文,跳出阎若璩古文《尚书》辨伪的窠臼,将其置于清初学界"辟异端"的学术思潮之下,对阎氏《尚书古文疏证》中所体现出来的尊朱斥王之学理倾向进行了深入阐释,进而认为清初以阎若璩为代表的考据派并非为了考据而考据,实则体现了鲜明的转移学风、净化经典的诉求。

除阎若璩之外，学界尚且关注到顾炎武、李光地、蒋廷锡、惠栋、庄存与、江声、王鸣盛、钱大昕、段玉裁、宋鉴、焦循、唐焕等学者的《尚书》学研究，研究角度繁复多样，遍及文献疏证、文献校勘、训诂、解经思想、成书背景、文体、学史、价值等多个方面，成果丰硕，成就亦不容小觑。

（责任编辑：王小红）

Contents & Abstracts

Thematic Studies

On the Fundamental Ideas of *The Book of Changes*

Zheng Wangeng

Abstract: Known as "the first of all classics" and "the source of the universal truth", *The Book of Changes* is unparalleled in its intellectual brilliance as well as its far-reaching influence. Its basic ideas consist of promoting the national spirit of unyielding self-improvement with high moral standards to carry out social commitment, cultivating awareness of potential crises, fervently advocating the notion of "*kairos moment*", and laying the foundation for the Yin-Yang theory. These fundamental ideas profoundly capture the entire history of Chinese culture, namely, the process of its inception, growth and maturity, and have long become the ideological norms that have been guiding the thinking and behaviors of the Chinese nation from then till present.

Keywords: *The Book of Changes*; fundamental ideas

On Li Dingzuo's Image-numerological view of Yi-ology

Lin Zhongjun

Abstract: *Zhouyi Jijie* 周易集解 (*The Collected Annotations on the Book of Changes*) came into being because it was closely related to the development of research on *The Book of Changes* in the Shu (present Sichuan Province), where there was a tradition of image-number Yi-ology, and Li Dingzuo's profound knowledge and keen thoughts on this book. According to research, Li Dingzuo(李鼎祚) was born around the year 742 and enjoyed high prestige among the local people. However, his life and work are not found in historical records. It's probably due to his low official position, or due to the fact that his scholarship on image-numerology was not a prominent subject during his time as it had almost nothing to do with politics. Li's image-numerological view of Yi-ology integrated and elucidated *Yi Zhuan* 易传 (*Commentaries on the Changes*) and the trend of studies on *The Book of Changes* in the Han dynasty (206 B.C.–220 A.D.) represented by Yu Fan (虞翻, 164–233). His annotations on the text of *The Book of Changes* inherited traditional methods of Han's Confucian scholars, namely, taking images from eight trigrams in *Shuoguazhuan* (说卦传, *Explaining the Trigrams*) and other images that were not collected. He also adopted new hermeneutic approaches, such as huti(互体, overlapping trigrams), guabian (卦变, hexagram changes), najia(纳甲, three-coin method of divination), yaochen(爻辰, the relation of the hexagram lines to hours), shengjiang(升降, rising and falling), guaqi(卦气, the influence of the "breath" of each trigram), and zhizheng(之正, uprightness). Li's *Zhouyi Jijie* not only provides valuable information on the studies of *The Book of Changes* in the Han Dynasty, but also plays a pivotal role in the development of Yi-ology. It is the source for scholars in the Qing Dynasty (1644-1911) to revitalize and reconstruct the studies on the *The Book of Changes* of the Han Dynasty. Besides, *Zhouyi Jijie* elucidated the sources of Yi-ology. It witnessed the transition of Yi-ology from the metaphysical study represented by Wang Bi(王弼,226-249) to image-number Yi-ology in the Tang Dynasty (618-907), and consequently reestablished the position of image-number Yi-ology in the study of *The Book of Changes*. Finally, Li's advocacy in image-numerology eliminated the estrangement between image-numerology and metaphysics, and ultimately achieved the integration of the two.

Keywords: Li Dingzuo; *Zhouyi Jijie*, the image-numerological view of Yi-ology; interpreting *The Book of Changes* based on images

Characteristics of "Zhe Studies" in Wang Yangming's *The Analects of Confucius*

Tang Minggui

Abstract: When expounding *The Analects of Confucius*, Wang Yangming(王阳明,1472-1529) challenged some interpretations in the *Lunyu Jizhu* 论语集注(*Annotations on the Analects of Confucius*) written by Zhu Xi(朱熹,1130-1200) by making appeals for societal needs of that time, abating the authority of Zhu Xi as well as showcasing the spirit of critical thinking in "Zhe Studies". In the meantime, Wang Yangming borrows and adapts some applicable contents from Zhu Xi's Philosophy, such as "the same source of fundamental structure and practical use" and "the course of nature existent and the desire of human extinct" with an open mind, consolidating the "all-inclusive" spirit of "Zhe Studies". His creative interpretation of *The Analects* *of Confucius* enables him to draw the Philosophy of Mind, and generate ideas such as "mind being reason", "the idea of intuitive knowledge", "the unity of knowledge and practice", etc. He expanded the Confucian concept of inner holiness, and thus builds a unique scheme of the philosophy of mind. This is an illustration of the creative spirit which characterizes the "Zhe Studies". Yangming's study on *The Analects of Confucius* has made significant contributions to the intellectual history of the Ming Dynasty as well as the historical study of *The Analects of Confucius* in China.

Keywords: Wang Yangming; *The Analects of Confucius*; Interpretation; "Zhe Studies"

The Research on the Quotations of Continuation of Zhuzi's Analects in *The Yongle Canon*

Liu Shang

Abstract: There are 34 quotations containing 91 pieces of Zhuxi's sayings from *The Continuation of Conversations of Master Zhu Xi* (also known as *The Continuation of Hui'an's Sayings*) in the existing volumes of *The Yongle Canon*. The recorders of these sayings have been validated by comparing these quotations with their corresponding articles in *Zhu Xi's Language Category* by Li Jingde (Chenghua version). To make it more robust, analyses are also made to compare with *The Surnames of Zhuzi's Language Category*, an appendix to *Zhuzi's Language Category*, further ratifying that those quotations found in *The Yongle Canon* originate from *Raozhou Version of Zhu Xi's Sayings* and *The Second Raozhou Version of Zhu Xi's Sayings*. Although these two versions were long lost, they both served as the main sources for *Zhu Xi's Language Category* by Li Jingde. It is by *The Yongle Canon* we are still able to find the original texts from the lost versions. Therefore, quotations contained in *The Yongle Canon* not only help scholars to revise the existing version of *Zhu Xi's Language Category*, they also, in meticulous places, reveal how Li Jingde amended and curtailed various original sources during his compilation.

Keywords: *Zhuzi's Analects*; *The Yongle Canon*; *Raozhou Version of Zhuzi's Sayings*; *The Second Raozhou version of Zhuzi's Sayings*

The Study of The Yongle Northern Canon (Yongle Beizang) Given to Monasteries in Zhejiang

Long Darui

Abstract: During the Ming Dynasty (1368-1644), the court presented a number of sets of *Yongle Northern Canon* to Zhejiang Province. Now one of them is kept in Zhejiang Provincial Library. It was originally the property of Qizhen Zen Monastery(棲真禅寺) in Lanxi(兰溪), Jinhua Prefecture(金华). Now Zhejiang Provincial Library keeps 6334 volumes, Qizhen Temple has 5 volumes and Lanxi City Museum contains 56 volumes. During the Ming Dynasty, Zhao Zhigao(赵志皋, 1524-1601), a native of Lanxi, studied classics for his civil service examinations in Qizhen Temple. He successfully came out as No. 3 candidate in the national civil examinations in 1568. He petitioned to Empress Chen for a set of *Yongle Northern Canon* for Qizhen Temple. This paper examines the cases of this set of Buddhist canon to be distributed in Zhejiang Province. Colophons in *Qisha Canon*(碛砂藏) kept in the East Asian Library in Princeton University show that Zhao's wife donated money to copy the missing volumes of *Qisha Canon*. Zhao Zhigao and his wife were devotees of Buddhism. This paper also touches on Zhao's relations with Buddhism.

Keywords: *The Yongle Northern Canon (Yongle Beicang)*; Emperor Wanli; Qizhen Zen Monastery; Zhao Zhigao

Comment on *The Exposition of Emperor Tang Xuanzong's Anotated Tao Te Ching* by Du Guangting

Li Yuanguo, Zhang Zuozhou

Abstract: Du Guangting, courtesy name Binsheng, was born in Jinyun County, Zhejiang Province. According to historical records, Du had come to dwell in Sichuan three times during his life and in total spent 57 years in Sichuan. In his later years, he lived in seclusion in Baiyun Xi, Mount Qingcheng and was buried in Qingdu Daoist Temple. He was an erudite, a prolific scholar, and the author of *The Exposition of Emperor Tang Xuanzong's Anotated Tao Te Ching*. He inherited the tradition of interpreting the thoughts of Lao Zi through Chuang Tze and Buddhism while blending Confucian ideas into his hermeneutics, to cater to the needs of rulers of the imperial court.

He not only elucidated the inherent self-originating character of *Dao* (the way) by applying the idea of "being" and "not being", but also stressed that *Dao*, which embodied the transcendental characteristics of all things, is in fact the true eternal and ultimate being. Du advocated the ideas of "substance and function sharing the same origin" and "all things returning to the mysterious essence". According to him, the purpose of cultivating *Dao* is to pursue spiritual transcendence by nurturing one's soul and temperament.

Keywords: Du Guangting; explaining Lao Zi through Chuang Tze; explaining Lao Zi through Buddhism; substance and function sharing the same origin; returning to one's true nature

On the Overseas' Translation of *Zhao Lun*: Comparison with Xu Fancheng's Translation

Yang Benhua

Abstract: *Zhao Lun*(肇论, *The Three Theses of Seng Zhao*) was translated into Japanese by Zenryū Tsukamoto (塚本善隆, 1898 – 1980). Walter Liebenthal (1886–1982), Richard Robinson (1926–1970), Lawrence G. Thompson(汤普森,1920–2005), and Hsu Fan-cheng(徐梵澄,1909–2000) offered English versions respectively. One can see that these versions vary in styles, such as the degrees of excerpts, the orders, the original Chinese versions from different editions of the Buddhist canons, and the approaches to annotations on these treatises. Each translation has its own characteristics. It is true that Zenryū Tsukamoto faithfully followed the original meaning while Liebenthal attached more importance to the cultural communications between East and West. Robinson focused on Seng Zhao's mysticism while Thompson aimed at offering more philosophical and hermeneutical visions. Mr. Hsu Fancheng was different—he translated the thesis with the intention to make popular readers understand the abstruse doctrines Seng Zhao discussed. Therefore, Hsu used the concise language to express the rich contents. One can find differences in these versions which can be traced to the original disputes among the annotations made in history.

Keywords: *Zhao Lun*; Tsukamoto Zenryū; Walter Liebenthal; Richard H.

Robinson; John Mclaney Thompson; Hsu Fan-cheng

Academic Review

A Review of the Study of *The Book of Documents* in the Past Decade

Cheng Xingli

Abstract: *The Book of Documents*, an ancient classic of political governance, has traditionally been a heated subject in the field. Based on precursors' research, this field has continued to deepen. In the past decade, the study has developed into various areas on numerous levels. Outstanding achievements are found in five areas: diversified research angles with prolific accomplishments, longitudinal studies on specific periods, new materials as well as new perspectives supported by newly excavated documents, emerging interests in the book from abroad, and studies on specific historical celebrities and their works. All of the above shows that the studies on *The Book of Documents* and relevant scholastic issues have been gradually developed and deepened.

Key words: the study of *The Book of Documents*; document; summary; literature review

约稿函

《中华经典研究》旨在"研究经典,传承文明;融会中西,沟通古今"。本刊主要栏目有:文本研究、经典阐释、名家访谈、学术动态、海外传播、青年学者论坛等。我们以"开明开放,平等平和;百家经典,兼容并包;学术融通,互动互鉴"为办刊方针,倡导学术民主,讨论自由,因经明道,弘道兴学。研究经典之文本,总结经学之成就,发掘经典之价值,揭示圣贤之密旨,为认识历史、服务现实贡献智慧。引领社会亲近经典、研读经典、品味经典,从经典中汲取古今中外圣贤的智慧。

来稿须坚持马克思主义的立场、观点和方法,体现原创性、前沿性和专业性,符合学术规范,学风严谨、文风朴实。来稿须确保没有知识产权争议,杜绝弄虚作假、抄袭剽窃、侵犯他人知识产权。论文部件及格式:包括题名(一级标题3号,二级标题4号,三级及以下标题与正文同用小4号,均用宋体),作者(4号楷体),中、英文内容摘要(200字以内,中文5号楷体,英文5号Times New Roman),中、英文关键词(术语3—5个,中空1字符,中文5号楷体,英文5号楷体Times New Roman),正文(中文简体,小4号宋体),注释、参考文献(置于文末,用1、2、3……排序,5号宋体)等。

其中,注释统一采用页下注(脚注),序号用①②③……置于引用文

字或要说明文字的右上方。每页重新编号(小5号宋体)。相关技术规范如下:

专著。如:晁中辰:《明成祖传》,人民出版社1993年版,第6页。

析出文献。如:汪子春:《中国养蚕科学技术的发展和传播》,载自然科学研究所主编:《中国古代科技成就》,中国青年出版社1978年版,第382—391页。

古籍。如:[清]姚际恒:《古今伪书考》卷三,清光绪三年苏州活字本,9/a。

[清]屈大均:《广东新语》卷九《学语》,中华书局1985年版,第5页。

期刊、报纸。期刊如:吴艳红:《明代流刑考》,《历史研究》2000年第6期。

报纸如:王启东:《法制与法治》,《法制日报》1989年3月2日。

外文文献。如: Charles Shepherdson, *Vital Signs: Nature, Culture, Psychoanalysis*, New York: Routledge, 2000, p.35.

D. Schiffrin, D. Tannen & H. E. Hamilton (eds.), *The Handbook of Discourse Analysis*, Oxford: Blackwell, 2003, pp. 352–371.

转引文献。如:章太炎:《在长沙晨光学校演说》,1925年10月,转引自汤志钧编:《章太炎年谱长编》下册,中华书局1979年版,第823页。

来稿需提交电子文本或纸质文本。投稿日期以邮件寄发时间为准。应另件专附作者简介及项目信息(200字以内)。电子版稿件请以word文件格式提交,邮件主题为"《中华经典研究》投稿",文件名为"作者名—文章名",请发送至:scuzhjdyj@163.com 。纸质稿件请寄:四川省成都市武侯区望江路29号四川大学中华文化研究院《中华经典研究》编辑部收,邮政编码:610064,请注明"《中华经典研究》投稿"字样。联系电话:028-85415080。

稿件评审采取双向盲评方式,严格遵循科学、专业、公正的原则,实行函件与线上评审相结合,个人审阅与会议评审相结合,履行责任编辑初审、编辑部二审、编委会三审、主编审定等程序,严把稿件质量关。来稿一经录用即行通知,并致稿酬,优稿优酬。

请勿一稿多投。若投稿后三个月仍未接到用稿通知,可自行处理稿件。纸质稿件恕不退还。

本刊已许可中国知网等网络知识服务平台以数字化方式复制、汇编、发行、信息网络传播本刊全文。本刊支付的稿酬已包含网络知识服务平台的著作权使用费,所有署名作者向本刊提交文章发表之行为视为同意此说明。如有异议,请在投稿时说明,本刊将按作者说明处理。

Invitation Letter for Contributions

The purpose of *The Study of Chinese Classics* is to "study classics, inherit civilization; integrate different cultures, and communicate between the ancient and the modern." The main columns of this journal include Text Analysis, Exposition on Classics, Scholars One-on-One, Academic Trends, Overseas Dissemination, Young Scholars' Forum, etc.

We embrace the principles of being open-minded, being inclusive, being communicative, and mutual learning. We advocate academic democracy, freedom of discussion, truth-seeking, and knowledge revival by studying classics, learning from previous achievements, discovering the value of classics and revealing thoughts of sages. By doing so, we contribute our wisdom for understanding history and serve society.

Manuscripts submitted to our journal must adhere to the Marxist position, viewpoint and method, reflect originality, frontier of the most current research and professionalism, and must be in line with academic standards, demonstrate academic rigor, and follow a straightforward academic writing style. Authors must ensure that there is no dispute over intellectual property rights, and no fraud, plagiarism, or infringement of other's intellectual property.

Manuscripts written in languages other than Chinese should follow MLA style as set out in the most recent edition of the MLA Handbook. *The Study of Chinese Classics* adopts a double-blinded review process. We encourage authors to send in your manuscripts anonymously with author's bio attached in a separate document to the editorial office of *The Study of Chinese Classics* via email. The email address is scuzhjdyj@163.com.

Please know that the author should disclose any prior distribution and/or publication of any portion of the material, including where the article has been shared as a preprint, to the Editor for the Editor's consideration and make sure that appropriate attribution to the prior distribution and/or publication of the material is included.

The Study of Chinese Classics provides the author grants for the sole and exclusive right and license to publish for the full legal term of copyright.